L O C U S

LOCUS

LOCUS

LOCUS

from

vision

**from 27 如何訂做一個好老師**

*What the Best College Teachers Do*

作者：肯·貝恩 (Ken Bain)

譯者：傅士哲

責任編輯：湯皓全

美術編輯：謝富智

法律顧問：全理法律事務所董安丹律師

出版者：大塊文化出版股份有限公司

台北市105南 東路四段25號11樓

www.locuspublishing.com

讀者服務專線：0800-006689

TEL：(02) 87123898　FAX：(02) 87123897

郵撥帳號：18955675　　戶名：大塊文化出版股份有限公司



總經銷：大和書報圖書股份有限公司　地址：新北市新莊區五工五路2號

TEL：(02) 89902588 (代表號)　　FAX：(02)22901658

排版：天翼電腦排版印刷有限公司　　製版：源耕印刷事業有限公司

初版一刷：2005年5月

二版二刷：2015年7月

定價：新台幣250元

Printed in Taiwan

# What the Best College Teachers Do
# 如何訂做一個好老師

Ken Bain 著
傅士哲 譯

# 目錄

# 1 引言：卓越的界定

當洛夫·林恩（Ralph Lynn）一九三二年大學畢業時，正好遇到美國經濟嚴重蕭條的窘境，儘管頂著各種學術獎章的光環，也只能靠著幫別人洗衣服來維持生計。十年後，他藉由函授課程取得了教師資格，當了六個月的高中歷史老師，便於一九四二年末應召入伍。第二次世界大戰期間，他大多待在倫敦從事另一種類型的「去汚」工作——檢查士兵的信件，防止他們向家園的親朋好友洩漏過多的軍事情報；剩餘的時間，就是讀讀歷史書籍。一九四五年退伍還鄉，於母校貝勒大學（Baylor University；位於德州的衛科市〔Waco〕）取得教職；之後，前往北方的威斯康辛大學（University of Wisconsin）進修，獲得歐洲史的博士學位。一九五三年再度返回德州，而後擔任教授長達二十一年。

當林恩博士於一九七四年退休之際，有超過一百個在學界已經掙得一片天地的學生趕來致敬。其中包括曾經宣稱自己在幼稚園時期就已認知所有人生大道理的著名作家羅勃・傅剛（Robert Fulghum），此刻的他也謙恭地讚美洛夫・林恩爲「全世界最好的老師」。另外一名在一九九一年當上德州州長的學生安・里查（Ann Richards）寫道：「林恩的課爲我們提供了一扇開啓世界的窗戶，對於像我這樣來自衛科小鎮的年輕女孩而言，眞是個偉大的冒險。」這些課程——里查卸任州長之後又做了底下的補充說明：「彷彿一連串神奇的旅程，帶領我們探索歷史當中曾經出現過的偉大心靈與運動。」《時人雜誌》（*People*）的編輯賀爾・溫歌（Hal Wingo）在出道之前曾經上過林恩的課，他表示林恩對「複製人」（human cloning）議題的闡述，是他聽過最精彩的論辯。「再也沒有任何事能讓我對未來充滿這麼光明的冀望——」溫歌嘆言：「當我想到洛夫・林恩還能繼續傳遞智慧，引導下一代從現實邁向永恆。」①

到底林恩做了什麼，能夠對學生在智識及道德發展上產生實質與持續性的影響？大專院校的卓越之師是如何幫助與激發學生優異的學習成果？范德比爾大學（Vanderbilt University）的細胞生物學教授珍娜特・諾丹（Jeanette Norden），是如何讓醫學院的學生沈浸於這麼專精的研究？西北大學（Northwestern University）戲劇系的教授安・伍德渥斯（Ann Woodworth），又是怎麼激發出學生的潛能，讓他們得以攀上表演事業的高峰？在複製人不被允許的狀況下，有沒有可能產生智靈上的複製，讓好老師的教學才華——比如加州大學厄文分校（University of California at Irvine）的唐・薩利（Don Saari）教授，他微積分課程的學生有百分之九十在系測驗當中獲得A的高分——能夠擴散出去？我們有沒有可能捕捉住保羅・特拉維斯（Paul Travis）和蘇海爾・漢納（Suhail Hanna）的魔力——他們於一九七○年代任教於俄克拉荷馬州(Oklahoma)中默默無名的小學校，日後又轉往賓州（Pennsylvania）、堪薩斯州（Kansas）等地發展，處處培育英才，引領學生進入新的智識境界？

到底是什麼因素能夠讓這些老師成功地教導多元背景的學生？讓我們來看看保羅・貝克（Paul Baker）的例子，他從事教育工作將近五十年，不斷地推陳出新，激勵學生展現出自己的創造力。一九四○年代，貝克爲大學戲劇系設計一門名爲「能力整合」(Integration of Abilities）的新課程，訓練創造過程中必須經歷的心靈充電與探索，結果不僅志在表演及藝術的學生深感興趣，也吸引了大批未來的工程師、科學家和歷史學家。一九五〇年代末期，他運用這門課的精神，在達拉斯戲劇中心（Dallas Theater Center）以及日後的三一大學（Trinity University）造就了戲劇研究所的發展，並對全世界的戲劇製作產生革命性的影響。到了一九七〇年代，他更充分拓展整合性的方法，在達拉斯的高中界開創嶄新的表演藝術，徹底改變許多原本被視爲失敗者的生命。一九九〇年代初期退休之後，他待在德州東部的鄉下農場，用同樣的方法爲當地小學設計新的課程，讓社區學生的正規考試成績攀上歷史新高。他究竟是如何做到的呢？

十五多年來，我一直在思索這樣的問題，觀察那些特優教師的實務操作及思考方向，他們確實爲學生創造出不可思議的學習成果。之所以對這樣的研究感到好奇，有很大原因出自於親身體驗，我的一生就遇到了好幾位極爲成功的老師。我個人認爲，教書這門工作是人類奮鬥歷程當中極少數未能從歷史經驗廣泛獲利的事業。偉大教師的誕生，感動激發了學生的生命，但是他們對於教學藝術本身的影響力至多只會透過幾名學生的效尤而傳遞出去。大多數的例子都是隨著哲人遠去，其教學見解無法傳承，新一代的老師必須從自己的實務經驗發掘新的智慧。最好的情況，不過是一些支離破碎的小技巧得以殘留，讓新老師從散漫的圖像拼湊出一點道理，但還是無法完整地領悟前人的智慧寶藏。

十年前，我親身經驗到痛失寶藏的悲劇——一名我未曾正式謀面的卓越教師不幸身亡。一九七○年代，當我還是德州大學（University of Texas）的研究生時，聽聞一名剛從芝加哥大學（University of Chicago）畢業的新進教授，課堂上總是擠滿了學生，連走道都沒有空位。幾乎每一天，我都看到一群學生跟在湯姆·費爾帕特（Tom Philpott）後面，從教室走到系上的休息室，繼續延燒課堂中開啓的話題。一九八○年代末期，我的兒子和媳婦都修了費爾帕特的美國都市發展史，從他們的口中我感受到課堂激發出的嶄新問題與視野。學生狂熱的故事再度上演，教室始終座無虛席，其中還包括許多沒有註冊的旁聽生，他們按時報到，就是爲了讓自己的心靈充電，藉由大師之引導激發智識的火花。我很想訪問費爾帕特，了解他的教學心得，甚至可能的話，拍攝一些他上課的情形——只可惜等不到這個機會。沒有多久，他竟然自殺身亡。同事們藉由頌辭記錄了他的成就，學生們打從心底懷念他的授課，或許也有少數學子追隨老師之後承繼了他的部份才能。然而，殘酷的事實是，他絕大部份的教學資產與實務經驗都將因其死亡而付之一炬。費爾帕特在芝加哥關於社區發展的學術研究可以長存於世，但是他並沒有爲自己的教學技能留下任何報告，也未曾有人在這方面付出心力。

本書所要嘗試的，就是針對一些美國最優良的教師，探究其集體智慧與技能，不僅記錄他們做了什麼，也著墨於他們是如何思考問題的；更重要的是，開始將他們的實務操作予以概念化的整理。原本的研究只局限於兩所大學，後來逐步拓展，總共納入了二十四所學校的傑出教授——從入學容易的小學院到競爭激烈的研究型大學都有。有些教授的學生，大都具備了良好的學術背景；有些則畢其心力於成績普遍低落的對象。算起來，我們的研究團隊觀察了大約六、七十名教師的教學實務與想法。其中有三十幾位的記錄是非常周延細緻的；剩下的，相較之下就沒那麼完善。關於後者，有許多是我在范德比爾及西北大學策劃之年度系列演講中的講員，他們在教學上個個成果斐然。探訪對象包括醫學院以及大學各科系——社會科學、自然科學、人文藝術等等——的教授。還有幾位來自於管理研究所，另外有兩名任教於法律學院。我們想要藉由傑出教授的作爲及想法，來了解教學成就是如何達成的。更重要的是，我們想要知道他們的經驗教訓能否對其他教師產生助益。這本書的主要對象是從事教育工作的老師，但我相信其中透露出來的結論訊息也會吸引學生及家長們的興趣。

# 卓越的界定

研究一開始，必須先界定我們口中的傑出教授是什麼意思。這項工作，其實相當簡單。所有納入我們顯微鏡下觀察的教授都已經實質產生卓越的教學成果，以各種方式對學生的思想、行爲和感受產生持續而深入的正面影響。老師在課堂上的表現方法，並非關切之重點；只要他們在過程中不會傷害到學生（或其他任何人），獲致成果的個別手段不是我們想要區隔的主要課題。引人側目的演講風格，活潑的課堂討論，以解答問題爲基礎的實務操演，以及廣受歡迎的田野調查方式等等，或許有助或無助於卓越教學目標的達成；但是無論如何，它們的存在與否，並不是我們篩選探查對象的標準。我們選擇這些老師的理由很簡單，就是因爲他們造就了重要的教學成果。

然而，我們該如何判定一名教授確確實實在學生的學習上有著深遠的助益與啓發？關於這個問題，就複雜了許多。沒有單一的證據法則可以適用於每個案例。我們只能廣泛地尋找任何形態的卓越證據，一旦發現了足夠的證明，便將該名教授列入研究的對象。有些個案的證據彷彿貼了標籤的包裹，明顯而確鑿；有些個案就必須抽絲剝繭，從四分五裂、沒有標記的零碎線索，努力拼湊出完整的圖像，這就有點像是人類學家在尋覓失去的文明一樣。究竟怎麼樣的證據形式可供參考，通常取決於當事人本身及其所處之領域。

范德比爾大學醫學院的珍娜特・諾丹和西北大學戲劇系的安・伍德渥斯，正好說明了兩種截然不同的證據模式。諾丹的醫學院學生必須面對國家醫學測驗委員會舉辦的標準檢試，以及美國醫科執照的資格考；所以這兩項測驗的集體表現，就可以相當程度地顯現諾丹的教學成果。當然，其他面向的證據也是不容忽視的：學生一致證言，諾丹之授課讓他們無論在專業知識、國家考試和執業實務上，都奠下了良好的基礎；精心設計的隨堂測驗，幫助學生知道如何應用寬廣知識於特殊個案，藉此加深理解的程度，並學習複雜的臨床推理技巧；同僚讚美地表示，諾丹的學生在學校裏都已經爲日後的工作做好了萬全的準備。諾丹贏得了各式各樣的優良教師獎章——無論是校方頒發的或者是學生票選的，有些還拿了好幾次，遠超過現在學校所限制的次數。范德比爾大學的校長於一九九三年設立教師終身成就獎，第一位接受這項榮譽的便是諾丹教授。二〇〇〇年末，美國醫學院學會頒發了代表卓越教學的羅勃・葛萊斯爾（Robert Glaser）獎給她。

同樣地，安・伍德渥斯一生所獲得的教學獎章也是不勝枚舉——其中包括了西北大學所贈予之教師終身成就獎。然而，這些榮譽雖然重要且具實質意義，但是畢竟不能當成學生學習成效的直接證據。伍德渥斯的教學領域非常重視學生的外在表現，但是對於戲劇成就之評判卻沒有一套標準測量模式。是怎麼樣的資訊說服我們，相信她是值得探究的對象？首先，我們蒐集到大量的學生證言，不僅對伍德渥斯的機智幽默讚不絕口，也都感念她在他們身上造成的實質效果。一面倒的正面證詞（「你在她課堂上所學習到的，絕對比其他課程多得多」；「這堂課改變了我一生」等等），再加上問卷中關於激發智能興趣和幫助學生學習等項目，伍德渥斯皆獲得完美的評價，著實讓我們留下深刻的印象。再者，關於她實際的教學狀況，我們手邊也掌握充分的證據，這些訊息的來源包括學生感言、伍德渥斯自己對課程的說明，以及長達一學期的親身觀察。最後，我們也觀賞了學生的表演成果，無論是完整的戲劇公演或是課堂中的操作演練，處處可見她幫助學生化腐朽爲神奇的魔力。

然而，學生與同事的訪談再多，仍不足做最後的定論。我們希望從各個面向的資訊來源，來肯認個別教師的確是值得研究的。雖然我們並不堅持每一位教師在各種層面所獲得的支持完全相同，但是我們還是設計了兩項嚴格的篩選方法，只有通過檢測者才會納入最後的研究分析。

首先，我們堅持要有足夠的證據顯示，學生對該名教師的教學高度滿意，並激發出進一步學習的熱情。這絕非單純的人緣競賽；我們不會只因爲老師受學生歡迎，就對其產生興趣。我們想要肯認的訊息是，老師是否在智識教育上確實打入學生的內心，激起他們繼續學習的渴望。然而，我們也不認同某位校長提出的檢驗標準：「學生喜歡上課與否並不重要，重要的是他們是否學習到課程內容；」而這句話的意思是：「我只看他們在期末考的成績高低。」我們當然也關心學生在期末測驗的表現，但是必須與其他證據合併整體觀察；學生的理解情況，必須能通過各種形態的測試，而且他們日後的想法、行爲和感受也是考量的重點。②考完就丟開書本，絕非我們樂見的現象。我們相信，如果學生憎惡課堂中的學習經驗，將來也很可能不會繼續研讀，或甚至會將已經學過的東西完全還給老師。老師藉由懲罰性的威嚇或者過度繁重的功課，就短程而言，或許可以有效地逼迫學生強行記憶課程內容；但是長遠來看，卻很可能把學生給嚇跑了，不再對相關課題產生興趣。任何一名教師，如果引發學生對課程主題的憎惡，便顯然違背我們

「不造成傷害」的原則。

我們了解，有些教授確實很成功地激發了小部份同學的學習熱情，但是對其他學生的幫助卻十分有限。許多同事對我描述，從前遇到的一些教授是如何激勵其個人之智識發展，然而其他大部分的同學卻無法從中獲益。這些人明顯地愛戴恩師的作風，甚至起而效尤；他們以身爲老師的得意門生爲榮，或許還因此相信這種切割菁英階層的方式才讓他們得以出人頭地。這樣的教授，對於學術發展或許眞有貢獻，不過我們並沒有把他們列入卓越教師的行列。我們想要尋覓的目標是那些持續幫助學生超越衆人期待的老師，他們可以將一般被視爲豬耳朶（頑石）的學生打造成漂亮的絲錢袋（玉帛）。

第二項嚴格的檢測標準關係到學生實質的學習內容。這點並不好處理，因爲它牽扯到各門學科的差異。我們希望尋求的佐證是，相關領域的同僚肯認該名教師之教學目標的確具有實質意義。然而，我們心中對底下的可能性還是抱持開放的態度：某些傑出教授所設定的教學目標其實深具價值，只是超越了傳統的學科界限，或者甚至在某些情況，侵犯了領域內部份衛道人士的信念——舉例而言，醫學院的教授將個人與情緒發展整合至某基本科學的課程，進而對醫學領域的界定產生顚覆性的轉變。事實上，從高度成功的教學案例來看，大部分都挑戰了傳統的課程定義，這讓我們相信，老師確認人類學習爲一複雜過程的態度，對於學生的吸收成效大有助益，即使把焦點放在所謂的課程核心內容亦然。因此，我們必須引入比較概括性的教育價值，不是單從某個特別學科的角度來看，而是著眼於更爲寬廣的教育傳統，肯定文理精神（包括自然科學）、批判思考、問題解決能力、創造性、好奇心、關切倫理議題等價值，同等看重專業知識的廣度與深度，並且多方涉獵造就該門知識的各種方法進路及證據法則。

簡而言之，我們尋找的研究對象一般都已經有足夠的證據顯示，他們引導學生學習的方式不僅受到該領域同僚的尊敬與讚美，同時也獲得整個學界普遍的認同。但是另一方面，我們也嘗試納入一些遊走於現存規範邊緣的成功案例，以新穎而重要的方式定義教學寶藏。另外，我們還研究了某些教師，他們在部份課程成效卓越，但在其他課程就顯得較爲平凡。舉例而言，有些老師特別對大班或小班得心應手，或者能夠特別在基礎或進階課程展現才華，但無法同時在兩者皆出類拔萃。這樣的個案，可以讓我們有機會針對同一名教師的不同課程，做成功與失敗的相對比較。

理論上，我們希望研究對學生有持續性影響的老師，但是實際上這樣的證據非常困難取得，尤其是在研究初期的階段。我們訪問到一些學生，在修課幾年之後仍然對某位教授念念不忘，完整陳述該名教師如何感動他們心靈、影響他們生命的故事。然而，我們並沒有對學生的後續發展做系統性的追蹤，也不能單單仰賴學生的訪談證言做爲篩選卓越教師的標準。事實上，我們尋找的是能更快速顯現「持續性影響」的證據。一九七〇年代由若干瑞典學者發展的「深度學習者」(deep learner) 概念，引導我們覓取「持續性影響」的指標。③

我們假設「深度學習」是持續性的，因此在訪談的過程當中，特別留意學生描述自我經驗時，採用的語言是否透露出獲致深度學習的訊息。他們是否提及「習得課程內容」的字眼，或者表示發展出理解能力、爲自我開創新意、「進入狀況」以及「通盤了解」等等？會吸引我們注意的，不是學生述說他們記住了多少，而是他們理解了多少（當然也因此記住了許多）。許多學生的證辭淸楚而明白：「豐富生命」，「改變一切」，甚至「徹底洗腦」。我們希望獲取的訊號是，學生開展出多方位的視野，培育獨立思考的能力；能夠嘗試用自己的方式理解課程觀念；對於概念與資訊，可以自行分析推理，並且廣泛應用上課的素材，與先前之學習及經驗融會貫通。我們要追問的是，他們對於課程的假設、證據與結論，曾經靜心思索了嗎？

讓我們來觀察兩組截然不同的評論敘述。一組的學生證言顯示，該門課程「課業繁重」，教授有效地激勵他們「完成目標」，整個訓練過程周延公平，正如一名學生所描述：「考試內容絕不會超出授課範圍，所有問題一定都似曾相識，毫無意外。」。學生們對自己能夠在該課程成功欣喜萬分，對老師讚譽有加，因爲老師助其達成目標。雖然這些評語相當正面，但是無法看出是否造就了深度學習。相反地，另一組的學生證言則透露，經過學習之後，他們「現在能夠把很多事情有效地結合」，思惟習慣「徹底轉變」。他們展現進一步學習的熱切，對於尚未掌握的茫茫學海充滿敬畏與好奇，有時甚至還會因爲想多跟該名教師學習而興起改變主修的念頭。「修課之前，以爲必然枯燥乏味，」一名學生解釋道：「結果卻完全不是那一回事，有趣極了！」他們興致盎然地談論課堂激起的議題，描述課程如何教導他們從不同的面向思索事物，如何改變他們的生活，以及他們計畫如何利用所學開創生命。一而再、再而三地聽到這些學生回顧從前的論辯內容，質疑既定的假設，細緻區隔結論與證據的差異。他們提及因爲課程之啓發而進一步閱讀的書籍，談論曾經展開的相關計畫或計畫是如何變更的。一名學生描述某門數學課程的經驗：「老師不單顯示解答問題的技巧，還幫助我們如何思考問題，靠己之力面對困難。像我現在，就比較有能力思索問題的來龍去脈了。」另一名歷史課程的學生回憶道：「我們不單單記憶歷史事蹟，更重要的是必須思考其中的論辯與證據。」相較於第一組的證言，第二組充分顯示出持續性影響的訊號。

隨著研究計畫之開展，愈來愈多同事對此表達高度的興趣，並經常會推薦一些特定人選。所有可能的研究對象進入計畫時都要經過一番檢驗，我們必須觀察其教學目標，尋找相關佐證，確認他們是否造就意義非凡的成果。有時候，我們悄悄地把某些推薦名單排除在外，並不是因為認定其資格不符，而是因為我們無法獲得足夠的資訊證明他們應當成為鎖定的目標。本書之宗旨不在突顯誰未能列入最後研究的對象，而是儘可能地從最成功者吸取教訓；因此，我雖然明白指出某些分析的人選，卻不提供完整的名單。

## 研究計畫的進行

一旦確認了對象，研究就開始進行。對於某些人，我們仰賴教室、實驗室及工作室的實地觀察；某些人，則採用錄影拍攝的方式。當然也有少數對象，兩種方式皆派上用場。對於許多教授及其學生，我們進行了長時間的觀察記錄；仔細端詳其授課資料，包括課程大綱與進度、測驗題目、作業內容，甚至及於課堂筆記；檢視具有代表性的學生作品；採用我們稱之爲「小組分析」的方法，將整個班級區分爲幾個小組，進行深入的訪談；要求某些教授以較爲正式的態度，反省解析自我的教學實務與哲學；另外還有些個案，我們會親身參與整堂課程。儘管收集資料的方法十分多樣，但大抵不脫於歷史、文學分析、新聞探索和人類學普遍採行的研究進路。所有聽聞之證言、訪談內容、課程素材與其他書面資料、實際上課情形的觀察記錄等等，彙總而成我們進一步分析的主要文件（關於研究計畫之詳情，請參閱附件）。

## 學生的評比

在綜覽研究結論之前，我們應該再探究一項方法學上的議題：學生的評比對於卓越教師之確認，應該扮演著怎麼樣的角色？它們如何影響到我們篩選的決定？

當我有機會與一些新進教師交談時發現，他們對於著名的「福克斯博士實驗」（Dr. Fox experiments）多少都有所認知——這項實驗的模糊訊息，足以讓許多人懷疑有任何確認及定義卓越教學的可能性。在一九七〇年代出版的福克斯博士實驗當中，三名研究員雇用了一個演員，要求他展現極致的表演技巧，以高度娛樂的方式對一群教育工作者進行空洞的演講，內容不僅乏善可陳，還伴隨邏輯上的含混與重複，費解難測。實驗者為此「教授」設計虛構的履歷，附上一串洋洋灑灑的出版品，並稱他為「福克斯博士」。講演完畢之後，研究員要聽眾填妥評比問卷，結果反應十分正面，甚至還有人宣稱自己讀過福克斯博士的作品。④

許多聽過這項實驗的老師都因此認定，學生之評比毫無參考價值，因為只要授課老師討喜，內容再差的演講也能「誘惑」學生。然而，如果我們更仔細地推敲福克斯博士實驗，不難發現其中的主要缺失：他們問錯了問題。問卷中許多題目，其實都只是探詢教授演員是否完成了研究人員的指示。舉例來說，研究員要求演員展現表達技巧與熱情，而問卷中就有一道題目是這樣問的：「他是不是顯露出對演講主題的興趣？」⑤難怪評比分數會如此之高。八個問題當中，沒有任何一項是詢問聽眾學到了些什麼——而這一點正是我們檢測卓越教學的關鍵所在。研究員並沒有花工夫測試聽眾從演講中習得的知識（雖然後續研究在這方面有所改進），或者甚至連相不相信自己學到東西的問題都不見蹤影。

針對所謂「福克斯效果」所做的後續研究較不為人所知，他們主要是把原始實驗在方法學上的詬病加以調整，但是獲得的結果卻保守許多。總而言之，關於確認卓越教學這檔事，能從福克斯博士實驗汲取的教訓實在微不足道。最多也只是告訴我們，在學生評比問卷的設計當中，要注意哪些問題該問，哪些問題不該問。我們應該著眼於教授是否幫助學生學習、是否激發了學生對課程主題的興趣，而不是詢問他們的豐富表情及傳達技巧。事實上，研究已經證實，如果問卷的問題恰當（如前面建議那般），學生對老師的主觀評比和學生學習成效的客觀測量之間有高度的正相關。⑥最重要的是，如一觀察家所言：「學生之評比「代表了學生（在教育上）被打動的程度。」⑦如果我們想知道，學生是否因為某些事情幫助或激發了他們的學習，那麼還有什麼方式比直接詢問來得更好呢？至於表達能力的部份，根據澳洲學者赫柏．馬許（Herbert Marsh）及其他研究員在福克斯博士後續實驗的報告顯示，學生在聽過精彩演講之後的考試成績通常要比平淡無奇的課程來得好，不過這點倒不叫人意外。⑧

關於是否在某一門學科有所收穫，學生並不會採取比較複雜精巧的定義。因此，我們不能單單從評比數字本身來判定老師是否在較高層面上（如同本研究所要求的）確實幫助了學生。要取得這方面的資訊，必須檢視課程資料（包括授課大綱和評鑑方式），或對老師和學生進行訪談。學生的評比結果，是作爲上述質性（qualitative）資料的補充，特別是如果問題問得恰當就更具參考價值，比方像西北及范德比爾大學問卷上出現的這兩道題目：評量老師之授課幫助你學習的程度；評量這門課程在智識上激勵你的程度。

儘管如此，還是有許多人對學生評鑑採取高度懷疑的立場，認爲即便只是當作探測教學品質的部份證據，也絲毫不具說服力。在教育界，如果不熟悉福克斯博士實驗的人，也應當對底下更新的研究印象深刻。一九九三年，納里尼・安博迪（Nalini Ambady）和羅勃・羅森梭（Robert Rosenthal）在課堂上播放其他老師授課情形的短片，然後要求學生對他們做出評鑑；評鑑的工具和其他實際修過這些老師課程的同學相同。⑨研究員想要探知的是，即便只有短暫的一面之緣，學生對老師的評鑑是否會與修習整學期課程的學生相仿——他們的結論是肯定的。學生透過影片認識教授，哪怕只是短短的幾秒鐘，就已經與另一組正式修課的學生評鑑產生高度的正相關。研究報告於《通用語》（*Lingua Franca*）及其他刊物出版之後，許多學界人士因此相信所有的學生評鑑都來自於膚淺的觀察，其參考價值與最素樸之人緣測試相差無幾。然而，這些批判者未能看清安博迪和羅森梭的實驗可以指向另一個截然不同的結論：如果學生長期以來，已經同時具備與「好」、「壞」老師交手的豐富經驗，就很容易準確地預測——即便只有數秒的時間——哪個教授可以提升自我的學習境界，哪個教授不能。簡而言之，即刻的評判依據也可能來自於誰能夠助其學習、成長的考量，而不是完全把焦點放在粗淺模糊的人格特質。正如安博迪和羅森梭在文章中提及之論點：「我們不僅具有形塑他人印象的超強能力……而且更叫人驚奇的是，我們形塑的印象往往相當準確！」

無論如何，本書所仰賴的證據並非即時印象，而是持續性的細緻研究；進程綱要已在前頁略述，更完整的說明有待後頭分曉。最後一章會再提及教學評定的過程，不過在此要特別強調，我們的評鑑標準基本上還是著眼於實質成果。卓越教學的確認，主要來自學生在學業上的優異表現，並且有足夠證據顯示老師之授課激勵了這樣的結果。關於學生的評鑑——指出自己學習了多少，教授是否激發興趣、提升智識上的發展等等——確實可作爲評判教學品質的參考，不過我們在做最後認定之前，檢視的證據遠超越於此。

# 主要結論

讓我們談談本研究獲致之主要結論，了解一下研究對象在教學思惟及實務上有哪些概略性的模式。然而，要提醒讀者的是，如果只想直接獲取什麼該做、什麼不該做的清單，本書可能會讓你大大地失望。此處列舉之觀念，需要經過細膩精緻的思索，深入的專業學習，以及甚至概念性的根本轉換。教育事業，不可能根據一些條文數字就能夠開展成功的。⑩

我們在六個寬廣問題的指引下，向各方探詢研究對象的實際情形，而底下結論即由此產生。

## 一、卓越教師的學養如何？

毫無例外地，傑出教授總是充分理解課程的主題。他們一般而言皆活躍於自身的領域，可謂學養精湛的學者、藝術家或科學家。其中有些人擁有一長串叫人驚艷的發表成果，長久以來備受學界推崇；有些人則相較之下，出版作品較爲貧瘠；甚至有少數幾個案例，幾乎未曾發表任何作品。然而，無論是否擁有亮麗豐碩的出版品，這些卓越教師都在各自領域當中，追尋了重要的智識、科學或藝術性的發展軌跡，親身參與研究，對相關主題抱持重要而具原創性的想法，廣泛涉獵並細心研讀他人在該領域的研究成果，甚至還經常性地閱讀超越自身領域的文獻（有時離自身領域非常遠），並且對學科內的寬廣議題——歷史發展、論辯爭議，以及知識論上的探討等等——表現強烈的興趣。簡言之，他們能從智識上、體能上或情感上做到他們對學生期望的事情。

這些，應該一點也不叫人意外。它只是再次證實，一個人不可能成爲偉大的教師，除非具備可以教導學生的眞材實料。然而，單從學科知識的精湛程度，不足以顯現教學之卓越。要不然，每位學識淵博的學者，都將會是偉大的老師。但是我們知道，事實並非如此。更重要的是，我們的研究對象（不像其他未將心思放在教育的學者）都曾經運用自身學識，開展出一些掌握基本原則、組織龐雜概念的竅門，而這項技巧可供他人仿效，進而建構自我的理解能力。他們知道如何將複雜的主題內容簡單明瞭化，利用敏銳的洞察力，直入問題核心，能夠談論自我的想法，分析其本質、評估其價值。這種超認知的思索能力，在我們觀察到的卓越教學當中扮演了十分重要的角色。

我們同時發現，研究對象對於人類的學習過程至少都有些直覺性的理解，而這些理解與認知科學揭櫫的觀念不謀而合（詳情請參閱第二章）。[11]他們談論學習過程所使用的語彙、概念和分類方式，跟當今主要文獻大抵相同。比如，當其他人提及知識的傳遞，強調如何在學生大腦中建造起堆積資訊的倉庫時，我們的研究對象則著眼於如何幫助學習者充分掌控觀念與資訊，進而建構自我的理解。甚至他們在個別課程中對什麼叫做學習的意義，也有著與凡人不同的想法。當其他老師滿足於學生優異的考試成績之際，卓越教師總認爲，學習必須對人的思想、行爲和感受產生持續性的實質影響，否則便不具太大意義。

## 二、他們如何準備教學？

卓越教師將課程中的講演、討論、問題習作及其他攸關教學的元素皆視爲嚴謹的智識挑戰，其重要性與所需花費的心力不亞於自己在學術上的研究。這樣的態度，或許最能從研究對象對下列問題的答覆中顯現出來：「當你準備教授一門課程時，會問自己什麼問題？」如果拿這個題目去問其他老師，很可能會得到一些平淡無奇的回應，只把焦點放在一般俗務：「學生人數會有多少？」「授課範圍爲何？」「該有幾次考試？考試形態爲何？」「要如何指定閱讀教材？」

儘管這些問題也很重要，但它卻反映出一般老師與我們的研究對象在預備教學中抱持之教育理念有著明顯的差異。我們的研究對象在研擬課程計畫時的思慮更爲縝密，考量到包括講演、討論、習作，及任何與學生接觸的環節，並且開始設想學生的學習目標，而不只是關切老師本身的作爲。本書第三章，會仔細檢視這些卓越教師最常出現的問題模式，並進一步探索問題背後隱含的教學概念。

## 三、他們對學生有何期待？

簡單地說，最優秀的教師總是期待「更多」。不過，既然許多教授「堆砌」之課程不必然會產生偉大的效果，我們不禁要追問到底最成功的老師是如何激發出高成就的表現？一個簡短的答案是：他們偏好跟生命息息相關的思想與行爲目標，而不是一般爲課程獨斷設定之狹隘成就。

## 四、他們採取怎樣的教學行爲？

儘管個別方法迥異多元，卓越教師通常都會努力創造一個我們稱之爲「自然性的批判學習環境」(natural critical learning environment)。學生直接面對複雜精巧的重要問題，迎接觀念性的挑戰，重新思考相關假設，檢視相應於現實層面的心靈模型。在這充滿挑戰但氛圍友善的情境當中，學習者生出一種掌控自我教育的愉悅感受；他們熱烈地與同伴互動，相信合作出來的成品會受到公平而誠實的對待；在嘗試錯誤的過程裡，隨時接獲專家的回饋指導，而不是最後才得到一個總結性的裁判。第五章中，我將詳細討論卓越教師用來講授課程、引導討論、演習個案的各種方法，以及其他能夠製造上述學習環境的可能方式。

## 五、他們如何對待學生？

高效能的優良教師，通常會對學生產生強烈的信任感。他們總相信學生基本上是渴望學習的；而且，除非得到明確的反證，也多半假定學生具有學習的能力。他們以開放的心胸面對學生，經常談論自己追求智識的旅程，包括曾經擁有的雄心壯志、勝利成功的喜悅，以及挫折失敗的煎熬，並且勉勵學生秉持同等的反省精神與坦率作風。他們提及自身興趣的開展，研讀相關課題所面對的嚴厲挑戰，或是一些克服個別障礙的獨特竅門。毫不隱諱地公開自我對生命的敬畏與好奇，展現無比的熱情。更重要的是，他們對待學生的基本態度就是簡單的兩個字——尊重。

## 六、他們如何檢驗與評鑑課程的進展情形？

我們研究的所有對象都擁有某種系統化的機制——只是在精緻程度上面有所差別而已——來評估自身的努力，並隨時進行適當的調整。由於這些老師在評鑑學生表現的同時，也檢視了自我的付出，因此就容易避免武斷而偏頗的評判標準。大體而言，學生表現的評估依據源自於當初擬定的學習目標。在第七章中，我將討論這些老師如何收集學生對課程的意見反映，如何利用學生評鑑改善教學，以及如何設計評分標準來幫助真正學習目標的實現。

在我繼續下一階段的討論之前，有三點必須先做說明：第一，本書主要是呈現傑出教授優異的面向；這並不代表他們從來沒有失敗的經驗，或者實踐卓越教學之前未曾奮鬥掙扎過。他們必須學習如何滋育學習，時時刻刻提醒自己犯錯的可能性，多方面思索理解學習的眞正意涵，並且盡心探尋促長該學習的最好方法。研究顯示，這些優良教師也會遭遇挫折、誤判、擔憂，或失敗，他們並不永遠保持最佳的教學狀態。沒有人是完美的。隨著故事的開展，放眼所見盡是非凡的成就，這讓我們很容易就忘記可能的缺陷，誤以爲偉大教師乃天生使然，不含任何人爲努力。事實上，證據告訴我們並非如此。我甚至深切懷疑，他們之所以享有今日的成就，部份原因正來自於克服自我缺憾的堅強意志。當我們邀請一位最早期的研究對象進行公開演講，希望談談他的教學心得時，這位范德比爾大學的哲學系教授非常傳神地將演講題目命名爲「教學失敗之際」。

第二，他們從來不把遭遇的困難歸咎於學生。研究對象當中，有些人的學生清一色是最優秀的，有些人則主要面對所謂的劣等生；另外有更多人，面對的是各種背景出身的學生。我們希望探知的是，在這麼多元的狀況下是否有些共通的因素導引出我們認定之卓越教學，無論它是發生在競爭激烈的好學校，還是入學限制寬鬆的開放型大學。

第三，我們特別注意到，這些研究對象一般都對整體學界抱持強烈的認同與責任感，他們關切的往往不只是個人在課堂教學的成功。對於個人教學上的付出，他們將之視爲更大教育事業中的一個小環節，而非炫耀自我技能的機會。在他們心中，他們只是製造良好學習環境的貢獻者，而這樣的環境還需要獲得學界同僚的肯認與注意。他們經常投入課程改革的計畫，參加公共論壇，研討如何改善學術機構的教學活動。許多研究對象提及，他們在自己課堂上的成功，其實也跟學生先前在其他課程的學習經驗緊密相連。因此，他們很喜歡與同僚交換心得，探詢教育的最好方式；他們也舉了很多例子，說明借鏡他山之石的好處。基本上，這些老師始終抱持學習者的姿態，不斷嘗試改善自我的教學，盡心撫育學生的發展，並且從來不自滿於既有的成就。

## 從研究汲取之教訓

人們該如何從研究的結論中汲取教訓，改善自我的教學？對於這個簡單問題的完整答案，有待整本書的解析說明；不過有一點是十分明顯的：我們不能任意拆解此處勾勒出的圖像，挑選某個片段，再與自身不良或甚至具有破壞性的惡習結合，然後冀望提升自我的教學境界——這就好像拿了林布蘭特（Rembrandt）的畫筆，就想複製他的天才一樣荒謬。我們必須理解卓越教學背後涵蘊的思想、態度、價值與觀念，細心觀察其教學實務，然後再慢慢吸收、轉換，把所見所聞予以個人化處理。讓我們回到天才畫家的類比：林布蘭特再怎麼樣也不可能成爲畢卡索（Picasso），同樣地，畢卡索也不可能複製林布蘭特的才華——他們必須發掘各自的天份。書中彰顯的所有觀念，都必須經過個人的消化整理，根據自己是誰、教授什麼課程，來做適當的調整。

最終，我希望本書能啓發讀者對自我的教學進程與策略研擬系統化的反省評估機制，時時刻刻追問自己爲什麼要做這類型的事，而不做其他方面的事。怎麼樣的學習證據，會影響到教學上的選擇？學生的所做所爲，有多少比例是因應教授的要求？理想而言，讀者應該把教學事務跟自我之學術研究或藝術創作等量齊觀：它們同樣是嚴謹而重要的智識及創造性的成就，這些事業一樣必須透過細心觀察、縝密分析，不斷地修正改進，並且藉由同僚之間的對話及批評，獲取更大的收益。最重要的是，我希望讀者能夠堅信本書的核心理念：優良教學是可以學習的。

# 2 好老師所認知的「學習」

一九八〇年代早期，在亞利桑納州立大學（Arizona State University）任教的兩名物理學家，想要知道一門強調牛頓運動定律的傳統初等物理課程，是否會改變學生對運動的一般想法。當你閱讀底下的說明時，儘可將「對運動的想法」轉換成任何一個跟你主題相關的語句。不管是什麼樣的課程，學生到底會不會改變思考的方法？

爲了尋求答案，伊伯拉罕・亞鮑・哈魯恩（Ibrahim Abou Halloun）和大衛・赫斯坦（David Hestenes）設計了一份測驗學生運動概念的考題。他們對正準備修習初等物理的學生進行測驗，這些學生分別來自四個班級，任課教授皆是有口皆碑的好老師。大抵而言，測驗結果並不叫人意外。大部分的學生，在還沒正式上課之前，對於物理世界都有個直覺性的初淺想法，只不過其程度僅如物理學家所言「介於亞里斯多德到十四世紀的力學概念」而已。換句話說，他們思索運動的方式跟牛頓截然不同，更不用說當代的里查・費曼（Richard Feynman）了。不過，這畢竟是在學生修課之前所作的測試。

那麼，物理課程的修習會改變學生的思惟嗎？似乎也不見得。學期結束後，這兩位物理學家再度測試同一批學生，結果發現他們基本的思惟模式並沒有太大的改變。①甚至許多成績得到「A」的學生，思考方式還是比較像亞里斯多德而非牛頓。他們把公式牢記在心，又能正確地把數據套進去計算，但是基本觀念並沒有改變。反倒是，把課堂上聽聞的運動概念，用自己原先的直覺架構予以詮釋。

哈魯恩和赫斯坦想進一步追究這個叫人遺憾的結果，於是面談了幾位拒絕牛頓觀點的學生，看看是否能說服他們跳脫一些誤導性的假設。面談過程中，教授問了幾個關於運動概念的基本問題，要學生根據自身的運動理論預測接下來所作之簡單實驗的結果。學生做了預測之後，研究員便當場完成實驗，讓他們知道自己的預測是否準確。結果，那些秉持錯誤理論的同學自然做出了偏差的預測。這時候，兩位物理學家便要求學生解釋，爲什麼他們的想法和實驗結果會產生差異。

教授聽到的答案叫人震驚：許多學生面對反證，還是不願意放棄原本的錯誤觀念。相反地，他們辯稱該實驗並不適用於相關的運動定律——要嘛是個特例，要嘛只是引用上的偏差；總之，他們並不認爲是自己奉爲圭臬的理論或定律出了問題。「一般而言，」哈魯恩和赫斯坦寫道：「學生對自己錯誤的信念非常堅定，即便親眼目睹明顯違背信念的現象。」如果研究員指出或學生自己發現其中的矛盾性，「他們的直接反應都不是質疑自身的信念，而是辯稱眼前之特例應該受制於別的定律或原則，至於他們遵奉之原理原則，則適用在條件稍微不同的情況。」②總而言之，學生運用了各種心理上的反抗機能，避免修正自己內心對物理世界的基本理解架構。也許更叫人困惑的是，這當中還有一些是班上名列前茅的同學。

近來，已經有愈來愈多的文獻（雖然還只是一小部份而已）開始質疑，學生在課堂上的學習是否眞如我們傳統上認爲的那麼多。質疑的學者，並不是關切學生能否通過考試，而是學生所接受的教育會不會對他們的思想、行爲及感受產生持續性的實質影響。研究員發現，即便一些被認爲是「優秀的」學生，在智識上的增長恐怕也不如我們從前的想像。許多獲得「A」的同學，仰賴的是「塡嵌性」的學習方式，把公式記牢，再把數字塡入適當的等式，或者撰寫報告時，把一些重要辭彙恰到好處地嵌入其中；至於眞正的理解，則少之又少。一旦課程結束，他們馬上把「學到的」東西還給老師。③舉個例子來說，在一九八七年的一場科學教育研討會中，許多學者指出了數學教育上的問題。「那些順利通過微積分課程的同學，」他們表示：「其實大多都沒有獲得概念性的理解，也無法領會相關主題的重要性；」因爲老師「指定的作業主要都是塡嵌性的，跟眞實世界沒有什麼關連。」④即使學習者對某一門學科或領域獲得了一些概念性的理解，也往往無法把該知識與現實世界連結起來，對於實際問題依然一籌莫展。

## 向卓越者看齊

那麼，卓越教師是如何克服——至少部份性地克服，有時甚至是全面性的解決——這些困難？

首先，他們個個學養精湛，在自身的學科領域中發光發熱，是成功的學者、藝術家或科學家——即便不一定擁有長串的出版記錄。然而，豐富的知識並不能完全解釋教學上的卓越。若是如此，所有領域中的專家都應該成爲傑出的教師，但這顯然不符合事實。

這也並不表示，只要給予專家多一點的時間，他們就能變成更優秀的老師。我們遇到許多教授，他們在各自領域都是頂尖的學者，也花了很多時間準備課程，把最新、最進步的學術或科技知識傳授給學生，但是學生卻少能領悟其中的奧妙。有一位醫學院的教授（他並非我們研究的對象）以既驕傲又帶點挫折的口吻告訴我們，他從不擔心學生聽不聽得懂，只要「講授內容始終符合科學品質的高標準，又能時時提供該領域的最新訊息」即可。

到底卓越教師還知道了什麼，得以成功地幫助學生進行深度的學習？我們發現，另外還有兩種知識扮演了重要的角色。第一，他們對於學科歷史之發展有著非常特別的敏銳度，其中包括一些曾經引起激烈震盪的重大爭議，這方面的理解深深地反映出該領域深層的思考本質。藉此，他們可以超脫出來，反省思索自己的思想——一般稱之爲「超認知」（metacognition）——同時藉由學科本身的發展來了解學科內容，可以比較精準地掌握其他人是如何學習的。他們很清楚什麼東西是先發生的，能夠區分基本概念以及從基本概念衍生出來的精巧理論或實際例證。他們明瞭一般人在建構自我理解的時候容易遭遇什麼困難，藉此便可從中探尋出如何將複雜主題做簡單而清楚闡釋的方法，提示適切的故事，追問深具啓發性的問題。然而，這當中有一點值得注意：上述之理解其實根基於各個不同的領域，無法予以普遍化的說明。

不過，還有另外一項要素超越了各科領域的界限，因此對於普遍性的研究更具助益。簡單來說，我們分析的研究對象根據自己與學生交往之經驗，對於人類學習的過程掌握了一些共通的概念，而這些概念跟當今研究認知、動機與人類發展的理論文獻並無二致。藉助於此，他們知道如何處理前述之物理課程的問題以及各種學習上的障礙。

底下即列舉一些核心觀念：

## 一、知識是建構出來的，而非被動的接受

也許明瞭這個觀念的最好方法，就是將它與比較老舊的想法做個對比。根據傳統的觀點，人的記憶像是一個大型的儲藏室。我們把知識存入其中，等需要時再將它取出。所以，你經常會聽到這樣的言論：「我的學生在思考之前，一定得先把相關資料讀進腦海」——其背後的含意就是學生必先有所儲備，日後方能使用。

然而，最好的老師都不是這樣看待記憶的，很多認知科學家的觀點也並非如此。他

們認爲，人類的學習基本上是透過接收之感官資料，建構出自我對現實世界的認知，而這樣的過程打從嬰兒時代就開始了。我們的大腦，將視覺、聽覺、觸覺、嗅覺及味覺連結起來，形成一種思索外在世界如何運作的模式。因此，它不僅是儲存倉庫，同時也是加工整理的單位。發展到一個階段之後，我們開始會套用既存之認知模式來理解新的感官資料。大學時代的我們，已經具備了成千上萬的心靈模組與架構；不管是老師授課的內容，或是教本闡述的資訊等等，我們基本上都會嘗試運用這些模組架構來學習。

舉例而言，我的內心存在一個叫做「教室」的認知模型。當我進入某個房間，透過視窗接收到一些感官資料，我馬上能藉由原本存在之模型來理解感官資料，進而判定所在處所並非火車站。然而，這種極度有用的能力，有時也會產生學習上的問題。面對新的資訊時，我們總會試著用自己熟悉的事情來理解。我們運用既存之心靈模式，形塑感官接收的資料。這就表示，當老師授課給學生時，其思想並不會完完整整、毫無偏差地傳遞到學生的腦子。學生進入課堂之前，已經準備了某種認知典範，由此建構意義。即使上課主題是學生完全不懂的，他們也會想辦法運用原本就已經存在的心靈模型，把老師傳述之內容建造成屬於他們自己的知識，而這種結果往往與老師想要傳遞的訊息大異其趣。〔十九世紀美國知名作家〕喬許・比林（Josh Billings）曾經嘆言：「人們最大的麻煩不在無知，而是他們知道了太多根本並非如此的事情！」

幾年前的一場研討會中，有名哲學教授聽聞上述觀點之後，有感而發地表示：學生總是帶著一堆錯誤的觀念來上課；不過，我所要表達的不僅於此。事實上，更基本的論點在於：我們探究的卓越教師都相信知識是建構出來的，每個人都利用既存架構建造理解新的感官資料。當這些教學成效績優者打算傳授學科基本觀念時，他們希望學生採用最新式的學術角度觀察相關的實在界。許多人所言之「吸收知識」，並不是他們唯一的目標；因爲他們相信，學生必須使用既存之心靈模型來詮釋眼前事物，所以應該著重之處在於如何引導學生的建構過程，而不是單純的「傳遞知識」。再者，也因爲他們明瞭學科內的高階概念往往與日常經驗激發之模型架構格格不入，他們經常要求學生嘗試一件人類向來做不好的事情：對現實世界建造全新的心靈模型。

當然，這也正是困難所在。

## 二、心靈模型之轉變是非常緩慢的

老師該如何激勵學生建構新的模型，從事所謂「深度」學習（而不是只能把相關內容記憶到考試結束的「表相」學習）呢？我們的研究對象認爲，要達成這個目標，學習者必須⑴面對自身心靈模型無法適用的情境（也就是心靈模型無法幫助他們解釋或產生行動的情形）；⑵關切心靈模型嚴重不適用的現象，並進而正視解決之道；⑶有能力處理因爲長久信念遭受挑戰所帶來之情緒上的震盪。

研究計畫中的卓越教師經常提及「學生在智識上的挑戰」。這表示，他們希望製造出學術文獻稱之爲「期盼失效」（expectation failure）的情境——既存心靈模型會導引出錯誤的期盼，讓學生從中領悟他們原本相信的事情是有問題的。然而，這些教學績優的老師也明瞭，人類面對之期盼失效的情境太多了，不可能全數關心；因此如果設立之情境根本無關痛癢，學生也不會從事深度學習，進而建造全新的認知模型。再者，他們了解人們內心對外界充滿了太多的模組架構，所以學生可能根本搞不清楚是哪一個模型引導出錯誤的預測，也因此無法做適當的糾正轉變。前面故事提及之物理課程的學生，面對實驗反例時會做出不當的防衛反應，部份原因即出於此。最後，卓越教師深切體認學生在情感上是多麼地仰賴既存模型，以致於即使重複面對期盼失效的現象，依舊不捨得放棄。

這些想法對教學有很重要的意涵。他們在課程的進展及作業的指定上，都會設計出能讓學生自我思索的方式，遇到困難，接受指正，再重新嘗試。他們讓學生有安全的空間建構觀念，並且花費很長的時間造就某種鷹架，幫助學生建築知識體系（這和盛行之「包羅」資訊材料的觀念截然不同，但不可諱言地，這樣的方式有時候很難掌握）。由於他們力圖創造學生心靈模式無法適用的情境，所以必須很積極地探究那些模型，以及伴隨模型而來的感情包袱。在提出挑戰之前，仔細聆聽學生內心的概念。他們通常不會直接告訴學生哪裡出了問題、「正確的」答案是什麼，反而是以問題的方式幫助學生發現自己的錯誤。

也許這種教學進路的特質，最能從底下的重大爭議——無論在自然科學或人文學科皆然——突顯出來。一派老師認爲，學生在還沒「認知」特定學科的「基本事實」之前，並沒有能力學習如何思考、分析、綜合與判斷。秉持這樣想法的老師，自然非常強調資訊的傳遞，甚而排除其他類型的教學活動。他們很少期盼學生進行推理（因爲那要等到學生「習得教材內容」之後才會發生）。至於考試型態，多半都只是測試學生對資訊的記憶或熟悉程度（舉例來說，選擇題就是常見的測驗模式）。

我們研究的卓越教師，則站在爭議的另一端。他們相信，學生必須在學習事實的同時，就學會了如何運用事實決定自我的理解與行爲。對他們而言，「學習」的意義不大，除非它能對學習者後續之思想、行動與感受產生深遠的影響。因此，講授「事實」層面的東西時，他們會將之放入充滿問題與爭議的豐富脈絡裡。

讓我們拿兩位解剖學教授的教學進路做對照，其中一名成效顯赫（是我們的研究對象之一），而另外一名——用比較委婉的說法是——難以有效地助長學習（自然不在我們的研究範圍）。後者堅持學生必須直截了當地「學習事實」。「這裡沒有什麼討論的空間，」他告訴我們。「人類身體的結構就是如此，科學家早已精準的掌握，學生必須做的功課，便是努力吸收事實層面的東西。老師除了站在講台，把相關事實做適當的陳述，別無他法。我們不能像文學課那樣討論。」接著，他提到「傳遞」知識的重要，並且堅稱這們課程的首要目標就是「把一大堆的資訊牢記在心；」學生必須「吸納所有的資訊，儲存至記憶庫內。」他測驗學生的方式，也同樣遵循這套想法——要求學生複製教授上課的內容，並且能夠辨識正確的答案。當我們訪談這名教授從前的學生時，許多人都坦承課程結束幾個月之後，就把相關資訊忘得差不多了。在此同時，教授也向我們抱怨，學生普遍「不夠用功」，而那些「劣等生」就是沒辦法「把太多資訊存入他們的記憶銀行。」

至於另外一名教授，談論的並非「吸納資訊」，而是「理解架構」——身體的個別部位如何與整體發生關連；最重要的是，學生在「開展」理解時必須做的一些抉擇。她提到如何幫助學生「建構」理解，學習「運用資訊」解決科學和醫學實務上的問題。在課堂中，她也會解釋「事情的來龍去脈」，儘可能地將基本觀念與想法「清楚、簡單化」；但除此之外，她還會引介實際問題，尤其是臨床上「可能出錯」的案例，然後要求學生討論案例引發之議題，並設法解決。學生從思索掙扎的過程面對資訊，進而產生理解，最後還能將其有效地應用。「我必須想想，」這名教授告訴我們：「爲什麼人會願意記住某項個別的資訊？它會幫助你理解什麼、解決怎樣的問題？」她有意識地深思學生可能會帶進課堂的「錯誤典範」，由此精心雕琢課程之進展，無論是事實闡述、問題討論或閱讀資料，在在挑戰那些錯誤的觀念。她的測驗型態也秉持著這樣的哲學：要求學生處理臨床案例，展現分析、綜合與評估的能力，並且清楚辯護自我的立場。學生依然得記住很多的資訊，但是他們也必須透過問題進行推理。

## 三、提問是非常重要的

無論根據認知科學的文獻或是卓越教師的想法，「提問」在學習及修正心靈模式的過程當中都扮演了非常關鍵的角色。問題能幫助我們建構知識，指出記憶結構的缺洞；並且透過探尋解答的過程，有效地將獲取之資訊分類整理。有些認知科學家甚至認為，在適當問題未提出之前，學習根本無法完成：如果問題沒有出現，記憶就不知道該如何覓取答案。我們提的問題愈多，就愈有機會在記憶庫裡編排想法；而資訊整理得愈好，就產生愈大的彈性，讀取就愈容易，理解也就更豐富了。

「當我們能成功地激發學生提出自己的問題時，我們便為他們奠立好學習的基礎，」一名教授重複地提及類似的觀點。「我們事先會設定課堂探索的主要問題，」另一名教授說：「但是我們希望學生能順循適當的方向，對學科相關課題發展出一套屬於自己的，豐富而重要的題組。」

## 四、關切是非常重要的

什麼時候，人們的學習狀況會最好？就是當他們提出的重要問題是自己所關切的，或者設定的目標是自己想達成的。如果他們毫不在乎，就不會嘗試將新知識解釋清楚，調節、修正或整合至舊有的知識基礎上。他們不會試圖對現實世界建構新的心靈模型。對於獲取之資訊，也許可以記住一段時間（起碼撐到考試結束）；但是除非記憶產生了問題，否則他們不會打算改變既存的知識架構。如前所述，只有當關切的問題出現，我們才知道什麼東西應該擺在哪裡；如果我們不想覓取任何答案，就不可能注意亂糟糟的隨機資訊。

這些關於學習過程的想法，可以幫助我們解釋本章一開頭闡述的故事。那些獲得「A」但卻完全不能掌握牛頓概念的物理課同學，其實根本沒有針對「運動」重建自己的心靈模型。他們只是學到了如何將數字套入公式的技巧；心中對外在宇宙的想像，並不曾遭遇「期盼失效」的嚴厲衝擊。他們把教授講述的內容，簡單地移入自己原來對物理運動的認知模組。也許他們關切的焦點只在成績，而不是物理世界的理解，所以沒有任何動力誠實面對自我的想法，進而建構認知實在界的新典範。

那麼，最好的老師是如何幫助學生關切問題的？他們對於動機的理解爲何？

## 怎樣的行爲激勵學生？怎樣的行爲減緩學生的動力？

我們發現，教學成效卓越的老師已經開展出一系列攸關動機的態度、概念及實務經驗，它們充分反應了當代學術文獻在這方面的重要見解。

四十多年來，心理學家致力探究底下的現象：如果某人對某事原本就具有高度的興趣，而旁人又提供「外在」獎賞激勵該「內在」興趣，但一段時間過後便把增強的誘因撤回，那麼此人的反應會是如何？著迷的程度會增加、減少、或維持不變？舉個實際的例子：如果學生非常好奇戰爭爲什麼會發生，我們便以成績這個外在誘因激發他們的學習；等到日後畢業了，他們的興趣會不會產生變化？

事實上，研究結果發現興趣會急速下降。根據調查顯示，一旦外在動力消失，內在的著迷也隨之衰退或甚至消失，至少在某些條件下是如此。在一個著名的序列實驗當中，愛德華・達西（Edward L. Deci）及其同僚安排了兩組學生玩一種叫做「索碼」（Soma）的積木遊戲。實驗對象被帶進一間檢測室，要求他們解決積木難題。每一回，研究員都會離開檢測室八分鐘。心理學家想要探知的是，當研究員不在場時，實驗對象是否會繼續玩「索碼」，以及會持續多久？（他們透過單面玻璃觀察學生的舉動。）

其中一組學生完全沒有獎賞的誘因，結果興趣始終不減。另一組學生則以金錢做爲獎勵，等到誘因消失之後，興趣也就不在。達西及其他學者進行了好幾場類似的實驗，嘗試各種安排以確認其結果；但無論如何，外在誘因侵害內在興趣的現象清楚而明顯。他們並且發現，如果使用的是「言語上的誘因和正向回饋」——也就是鼓勵和讚美的話——興趣將被激發，或至少不會憑空消失。⑤

我們該如何解釋這樣的差異，以及從中可以得到怎樣的啓示，引導學生學習？達西、里查・迪喬姆（Richard deCharms）和其他學者陸陸續續提出理論，說明人們如果認爲自己被外在獎賞所操弄，失去了心理學家所稱之對自我行爲的「控制感」（locus of causality），動機就會跟著減弱。⑥換句話說，如果人們把某種行爲看成是獲取獎賞或避免懲罰的方式，那麼就只有當「他們意欲獎賞，並且相信獎賞會隨行爲而至」的時候，才會願意從事這樣的行動。⑦如果人們對獎賞不再感興趣，或者認爲獲致獎賞的可能性已被去除，對於該行爲自然意興闌珊。相反地，如達西所言：「言語激勵、社會認同等等……比較不會被當事人視作操控性的舉動。」⑧其中的關鍵，似乎在當事人如何看待獎賞。

研究員並且發現，當觀察對象相信別人試圖操控他時，其表現水平——不僅僅是動機而已——會隨之下降。如果學生只爲了求取高分或在班上拚第一而讀書，那麼他們的成就絕對會低於因爲興趣而學習的學生。他們不能更有效地解決問題，分析、綜合及邏輯推理的能力不會更強，甚至無法迎接同等程度的挑戰。當自動自發的同學（出於內在興趣而學習者）汲汲探索更高階的難題時，他們總喜歡柿子挑軟的吃。這正是學術文獻所稱之「策略性的學習者」（strategic learners），僅把重心放在課業上的表現，避免任何可能損害成績記錄的挑戰，也因此無法發展深度學習。這種效應其實是持久的。如果學生一直仰賴外在有形獎賞的刺激來解決問題，等刺激結束之後，他們就比較不能像那些向來缺乏外在誘因的同學，持續運用合乎邏輯的有效步驟。⑨

即便是某些類型的言語讚美，也有可能對學習造成損害。小孩子如果經常聽到的是

「個人性的」讚美（「你好聰明哦，可以把這事情做好」），而非「任務性的」肯定（「你把這件事情做得很好」），就比較容易相信智能是固定的，不能隨努力而擴展。所以日後一旦遭遇挫折，深植內心的智能觀點很可能會引發一種無助感（「原來我沒有想像中的聰明」）。當研究員問這些小孩，什麼時候會讓自己感覺聰明，得到的答案大多是：從事原本就已駕輕就熟的任務，毋需花費太多氣力，能夠搶在別人之前、毫不出錯地完成。相反地，那些認爲可以藉由努力學習新事物而變得更聰明的小孩，則有截然不同的反應：當他們從不理解、再經歷奮力思索的過程、最後得到結果時，或者搞通全新事物時，最能夠讓自己感到聰明。換句話說，秉持智能固定觀點、容易生出無助感的小孩，往往爲了讓自己覺得聰明，而傾向於避開其實可以幫助他們學習的活動——掙扎、奮鬥，以及犯錯。⑩

這些小孩比較會設定「表現型的目標」(performance goals)。他們希望成就完美或取得「正確」答案，好讓別人留下深刻的印象，因爲他們希望晉身「聰明人」的行列。害怕犯錯，小心翼翼地計算需要完成多少才能贏得讚美，而且絕對不會多做，以免發生在別人面前出醜的意外。就某種標準而言，有些人確實表現優異，但他們之所以如此主要都是爲了外界的肯認，對於未來的方向往往一片茫然。相反地，相信學習會增長智能的小孩（擁有「精熟導向」〔mastery orientation〕的小孩），通常都是爲了增進自我才能而努力（設定「學習性的目標」〔learning goals〕），並非求取外在獎賞。⑪他們比較願意冒著風險學習，嘗試更困難的任務，也因此比那些以高表現爲目標導向的小孩學到更多的東西。⑫

這樣的研究結果，對於以成績做爲賞罰系統的學術文化有著怎樣的意涵？有沒有任何方式，可以不讓學生產生被成績評估系統操控的感覺？當學生興起無助感時，老師最恰當的反應是什麼？卓越教師是如何防止學生成爲只顧分數的學習者，並激發他們對相關主題的內在興趣？

一般而言，我們的研究對象都避免採用外在誘因，盡心撫育內在動力，引導學生把持精熟導向的態度，往學習性的目標邁進。他們儘可能地讓學生主導自我的教育，並且對其學習狀況展現強烈的興趣，對其能力表達高度的肯定。對於學生功課給予非評斷性的回饋，強調可以改善的空間，尋覓各種方法激發成長，並且捨棄在班上區分優劣族群的作風。與其造成學生之間的排擠拚鬥，不如鼓勵他們協力合作。這些老師通常不會依照曲線給分，而是讓每個學生都有機會達成最高的標準與成績。

許多卓越教師都和醫學院的珍娜特・諾丹教授一樣，在學期最後才評斷學生發展出來的知識與能力，而不是根據整個學期的平均表現打成績。對他們而言，這種驗收最後成果的方式（總括性的期末測驗），可以讓學生有多重機會展示自我的理解，也讓老師非常小心地設計考試題目，以期完整而適切地測試出學生的能力。

給予學生多重機會展示學習成果，正是里查・萊特（Richard Light）在哈佛大學之研究報告的重要元素——他針對校園內最具智識啓發性的課程進行調查。萊特及其同僚訪談了幾千名現任學生與校友，詢問他們大學教育的經驗中，受益最深之課程的特質是什麼。一九九〇年原始報告出爐，萊特發現「最受推崇之課程的特點」包括：「要求雖高」但「在獲得最後成績之前，擁有衆多機會修正改善課業，因此能從錯誤的過程中學習。」⑬

最重要的是，我們研究的傑出教授都盡量避免利用分數逼迫學生唸書；反之，他們運用主題的引導，問題的提示，以及對學習者的許諾來激發學習。如此一來，教授本身也會對課程的相關議題表現高度的熱情。「我相信，只要你選對了領域，」一名斯拉夫語文學系的教授解釋道：「你選擇它是因爲受到內心神明的召喚——或者，如果你喜歡，也可以說是內心魔鬼的驅使，你就會全心全意地追逐；學生感受到你的熱情，自然會有所反應。」

這樣的教學進路可以在無數的小地方呈現出來，不過也許最明顯的，莫過於傑出教授在第一堂課的開場白。他們不像一般老師嚴正地宣示課堂的種種要求，反倒談論起課程的前景，該學科會幫助學生解答什麼類型的問題，在智識上、情感上或生理上培育開展出怎樣的能力。當然，他們也會解釋學生需要做些什麼才會達成課程的「許諾」(commitment)——一般人稱之爲「要求」，但是他們盡量避免命令式的口吻，因而採取「許諾」這樣的辭彙。邀請的態度取代了威迫的氣勢，這就好像邀請同事共進晚餐一樣，而不是法警強制拘提某人上法庭。

在教授同時主導課程安排和議題選擇的情況下，還能給予學生掌控自我教育的感覺，其實是件相當了不起的事情。我們的研究對象能有所成，主要是幫助學生看清課程議題和自己可能帶入課堂的問題之間有著怎樣的關連。舉例而言，到底我們一開始如何像科學家和學界人士一樣，追問與目前生活息息相關的議題？許多我們深感興趣的問題之所以重要，其實肇因於先前的探索；而先前的探索之所以充滿意義，又是由更早的一些問題衍生而來；而那些問題的重要性，又植因於再早期的研究……如此循環不已。智識生活上所關注的事務，往往在一開始吸引我們的表層底下，還有好幾層精彩的寶藏。

然而，卓越教師卻不是直接深入底層，要求學生二話不說地跳下去一起探索；相反地，他們是先返回地表，與學生會面交談，讓學生理解爲什麼這些問題如此吸引人，進而彰顯深入探索的意義。他們幫助學生明瞭當前的議題和更寬廣、更基本的學問有著密不可分的關連，藉此可以發現原本能夠刺激學生學習、屬於學生自己的「大哉問」，其實和課程議題之間分享了共同的基礎。「你怎麼會不對有機化學感興趣呢？」大衛・圖林（David Tuleen）如此問道。「它正是生命本身的基礎啊。」

舉個實際的例子，一門美國二十世紀外交史的課程，通常會談論到第一次世界大戰結束後立即發生的一些大事：伍德羅・威爾遜（Woodrow Wilson）總統前往凡爾賽，希望順利締約，讓美國進入國際聯盟（the League of Nations）；但是他卻未與共和黨領袖共赴法國，和參議員亨利・卡波・羅吉（Henry Cabot Lodge）之間又衝突不斷；之後，參議院對是否加入國際聯盟壁壘分明的情況等等。過程驚心動魄，好萊塢以此爲本至少拍了兩部流行電影；其中甚至還帶有古典悲劇的色彩——威爾遜寧可要求支持者在最後關頭投票反對條約的簽訂，也不接受妥協。然而，學生對這段歷史的興趣，似乎總取決於是否被伍德羅・威爾遜個人的故事所吸引。如果是的話，沒問題，你可以抓得住學生；反之，學生的流失終成定局。沒有那層興趣，很多學生根本對相關歷史的學術研究漠不關心。誰會在乎呢？他們常常這樣說。

但是事實上，的確有人在乎，爲什麼呢？爲什麼歷史學家要研究這些事件呢？不只是因爲它們確實發生了——許多事件的發生，並不能吸引歷史學家的目光。如果追究學界一開始會對威爾遜巴黎之行產生興趣的原因（至少在第二次世界大戰期間，這樣的興趣就已經出現），你會發現它衍生於一系列更高階的、簡單而重要的問題：威爾遜，或者其他有權勢者，如果改變了一九一九年到一九二〇年間的一些作爲，是否能防止二次世界大戰的爆發？人類到底能不能避免戰爭？在這些問題之後，又包含了更基本的探索：人類是否能夠掌握自己的命運？還是冥冥之中，存在某種無法改變的決定論（不管是經濟或其他層面），讓我們只能做個悲傷的觀察者，眼睜睜地看著事情一件件的發生——有權有勢如威爾遜者，也變得毫無意義。這些都是既困惑又吸引學生的大問題。我們研究對象的課堂裡，充斥著這類型的問題，激發學生學習的動力即源自於此，而非賞罰型的外在誘因。

績效卓越的教師總會幫助學生把「大哉問」當成課程討論的重心。加州大學的數學系教授唐諾・薩利，宣示了一項他稱之爲「WGAD」——「誰在乎了?」（"Who gives a damn?"）——的授課準則。課程一開始，他就告訴學生，不管哪一天、課程進行到哪裡，任何時候都可以打斷他的談話，提出「誰在乎了?」這個問題。他一定會停下來，解釋當下討論的內容爲什麼値得重視——無論多麼地深奧難解，或者相較於整個大圖像是多麼微小的枝節——以及它與比較大的基本問題和課程主題之間有著怎麼樣的關連。

西北大學的歷史教授南西・麥克連（Nancy MacLean），榮膺代表教學終身成就的查理・迪林・麥寇米克教授獎（Charles Deering McCormick Professor of Teaching Excellence）提供更詳盡的細節：「我在第一堂課，都會花些時間談論許諾之「報償」，把課程的主題或必備的技巧跟學生心中可能感興趣的議題搭上橋樑。有些人或許認爲，這種做法對學問而言有些粗魯；但我卻不這樣想。或者說，我根本不在乎；畢竟現代人都太忙碌了，不可能對我們看不出來有任何重要性的事物產生興趣。」以實例而言，她提及最近上的一門女性史的課程，學生談論起一本暢銷書籍《戀愛必勝守則》（*The Rules: Time-Tested Secrets for Capturing the Hearts of Mr. Right*）。叫人驚訝的是，經過粗淺調查，居然有差不多百分之八十五的同學熟悉其中的內容，於是教授也花了時間閱讀它，並把相關章節併入課程進度，甚至允許同學針對此書撰寫報告——「提供一份歷史性的分析，儘可能地運用上課之素材，將該書放入適切的歷史脈絡，合理解釋其意義。」麥克連願意將課程大綱融合暢銷書籍，大大地顯現她對學習動機的直覺性理解：幫助學生藉由課程賦予之分析與歷史工具，重新檢視自己熟悉的對象。她把課程議題緊緊地與學生的生活興趣結合在一起。

我們探索的卓越教師，深切明瞭智識上的挑戰——即便造成困惑與混淆——也可以激發學生對課程議題的興趣。許多人提及追究新奇、混沌和詭譎悖論的神祕效果。經過細緻的交叉類比，這些老師將再熟悉不過的平凡事物變得複雜奇妙，而原本陌生難解的事情則反而顯得親切起來。他們經常將個人軼事或甚至情感上的經驗納入課程，使其不再只是純粹學術的話題與過程。許多老師一開始會從學生熟悉或著迷的事物出發，然後再引入嶄新、詭異的觀點，共同編織成課程的骨幹。有名教授如此解釋：「我的教學帶有某種蘇格拉底式的味道：一切由困境而起——讓學生產生困惑，腦子打結。」而那些困境難局正是所有問題的來源，此時再慢慢引導學生拆解迷思。

從探討人類動機的寬廣文獻當中，我們可以歸納三項重要的因素，能夠以多種方式影響不同的人。有些人對駕馭事物的挑戰有著明顯而強烈的反應——進入某項主題，嘗試理解其中所有的奧祕。這種人一般被歸類爲深層學習者。有些人則擅長競爭，喜歡回應贏取第一的訴求，希望證明自己比其他人都好。雖然它可能成爲某些人強烈的動機，但有時候也會阻礙學習。在課堂裡，這些人經常表現出策略學習者的態勢，只想爭取高分，卻很少願意深層探索，進而改變自我的認知模式。學習的目的在於考試，記憶的內容很快就會忘記，因爲要挪出空間給其他素材。一名印地安那州的生物學教授克瑞格·尼爾森（Craig Nelson），稱他們爲「囫圇呑棗型的學習者」（bulimic learners）。最後還有一種人，學習動力主要在避免失敗，一般文獻稱之爲「表現規避者」（performance-avoiders）。在課堂裡，他們通常從事表相學習，從來不願深層探索，因爲害怕失敗，所以只試圖低空過關，求得生存而已。於是，整個學習就放在記憶，希望能複製上課聽聞之內容。

從一次次的面談當中，我們發現傑出教授對於學習者的類型有非常敏銳的感應，並且認爲只要針對個人修整訴求，就能影響學生的學習態度。他們明瞭人類是可以改變的（事實也是如此），而教學之本質在改變的過程中扮演了非常重要的角色。「表現規避者」一般而言缺乏自信，因此激發學習動機的方式，很可能在於如何加強他們相信自己能夠學習的信念。卓越教師細心規劃學習任務與目標，建立並鼓舞學生的信心，在給予嚴厲挑戰的同時，也讓學生興起高度的成就感。他們了解某些課堂文化容易促長囫圇吞棗式的學習，導致學生大量吸納事實——日後迅速回吐的惡性循環。

「學校的教導，」一名教授告訴我們：「往往鼓動優秀的學生把課業視作一分高下的競爭場域。」羅勃·迪波葛蘭（Robert de Beaugrande）近日表示：「『囫圇吞棗型的教育方式』迫使學習者強記衆多『事實』，並只在某種意義狹隘的任務中使用，每一個事實又只引導出單一的、由老師或教科書決定的『標準答案』。一旦使用結束，學生很快就把記憶的事實『排泄』出來，因爲要保留空間給下一次的『餵食』。這種教育方式只著重於短線、局部性的操作，無法獲取超越餵食—排泄循環之外的長遠利益。」[14]

爲了跳脫上述之惡性循環，卓越教師通常會竭力避開競爭型態的訴求。他們強調問題本身的優美、功能或趣味，追究問題之解答，而非單純的「資訊學習」；向學生許諾學習的目標，並儘可能地幫助每一個人達成所能；最重要的是，課程之期盼遠超過囫圇吞棗式的學習，他們精心雕琢、整理新奇的概念，讓學生深刻體認智識開展之意義。他們一方面設計高度挑戰性的任務，另一方面也傾聽學習者的困難與企圖心，幫助學生以更精巧、更讓人滿意的方式理解與實現內心的渴望。「我經常有學生，」一名教授告訴我們：「忽視自己的潛能，不明白自己可以創造出的獨特貢獻。」在第四章中，我們將更詳盡地探討傑出教授是如何激勵學生成就更高的期盼。

## 秉持發展性的學習觀點

最後，我們的研究對象明瞭學習並不僅僅影響所知之事物，它還轉變了你對認知本質的理解。許多卓越教師都很清楚威廉・培利（William Perry）和一群衛斯理學院（Wellesley College）的心理學家針對大學生之智識發展所做的研究。培利和麥維克・克林區（McVicker Clinchy）等人，提出了四類學生可能駐足的範疇，每一範疇蘊含了某種學習意義的概念。最初等的階段，學生會認爲學習只不過是向專家探詢「正確答案」，然後將之放入記憶。⑮克林區稱這些人爲「接受知識者」(received knowers)。「對於接受知識者而言，」她進一步論述：「眞理是屬於外在的。」「他們可以攝取，但無法進行評估，也不能爲己開創新意。接受知識者指的就是那些坐在教室，手握鉛筆，隨時準備記下老師每一句話的學生。」⑯他們對教育運作的期盼，正符合保羅・弗萊勒(Paul Freire，二十世紀重要的教育革命家)戲稱之「銀行模型」(banking model)——老師將正確答案存入學生的腦子。

接下來，許多學生會發現專家之間的看法也不盡相同。因此，他們開始懷疑——進入了第二個發展階段——所有的知識不過是主觀的意見。這些「主觀性的知識者」(subjective knowers)，傾向於使用感覺下判斷：對他們而言，「如果對一個觀念感覺很好，那它就是正確的，」克林區做了如此的說明。⑰總而言之，一切都是意見。所以，如果這個階段的學生成績低落，往往會認爲原因出在「老師不喜歡我的意見。」

部份學生會繼續發展到下個階段，成爲「程序性的知識者」(procedural knowers)：習得學科的「遊戲規則」。他們領悟到判斷本身也有標準而言，因此撰寫報告時懂得如何使用這些法則。老師一般都將這類學生視爲最敏銳的學習者，但是事實上，這種「認知」

並不能改變學習者在課堂之外的思惟方式。他們只不過聰明地依循老師之期盼行事，並沒有在思想、行爲或感受上造成持續性的實質影響。

一直要到最高階段（培利稱之爲知識上的「使命」〔commitment〕），學生才成爲具備批判與創造性的獨立思考者，將課堂接觸的觀念與思惟模式認眞看待，有意識地、經常性地予以使用。他們反省認知自身的思想，並且學習如何修正調整。克林區及其同僚在此層級發現了兩種類型的學習態度：「分離型的知識者」（separate knowers）把自己從各個觀念中抽離出來，維持客觀的立場，甚至時時質疑，隨時準備爲之展開論辯；相反地，「連結性的知識者」（connected knowers）喜歡欣賞別人想法的優點，不會動不動就要把它擊倒。衛斯理學院的研究報告指出：他們並非「不偏不倚的公正觀察者」，而是「刻意讓自己偏袒於正在檢視的思想觀點。」[18]

根據這種架構的分析，人們並不是單向的直線發展；學習者會在不同階段之間來回擺動，甚至同一時間處於不同的階段。自己主修的科目，可能已經晉身爲程序性的知識者，但在其他領域，卻還停留在接受或主觀性的知識階段。因此，我們可能會聽到這些學生汲汲追尋能夠記憶的「標準答案」，觀察這些學生在特定學科中無法分辨優劣好壞，進而認定所有觀點具備同等效力。

卓越教師談起，該如何激發學生在認知態度的轉變上進行「序列性的增長」之時，認爲必須針對不同階段的學習者採用不同的教學進路。面對無法有效辨識相關事實的接受型知識者，他們的優先要務是鼓勵精準的思惟（關鍵事實在哪裡？重要定義爲何？）。面對主觀性的知識者，他們給予證據與推理上的挑戰（我們怎麼知道這是事實呢？我們憑什麼接受或相信這樣的想法？）。對於任何類型的學生，他們都會提醒知識的不確定性（關於這個主題，十年前的學者相信怎樣的觀念？什麼樣的問題，我們至今依然需要尋求解答？）。面對已經擅長程序知識、準備邁入使命階段的學習者，他們會提出價值判斷的問題，詢問結論的意涵。但是他們並不預設立場，計畫性的鎖定各個學生所處之階段，進而排除特定型態的學習經驗；相反地，他們傾向於讓所有學生都體認不同型態的經驗，反覆施予挑戰。這就好像他們一方面知道，智識成長之過程包含漸進性的元素，但是又同時明瞭，整個過程鮮少出現單純的線性發展。人類的發展其實充滿了不規則的跳躍，因此來自各種層級的重複挑戰將可讓學習者受益。「並不是每個學生在某特定時間都能同等獲益於同一組學習經驗，」一名教授如此論述：「這就是爲什麼我會試圖給予不同學生不同類型的挑戰。學生發展的階段不同，很難在同一時間並駕齊驅。」

有些教授刻意引導學生辨別「分離型」和「連結性」的知識態度，並且體認這兩種傾向的不同價值。他們經常告訴學生，儘管做個時時懷疑、處處爭辯的分離型知識者意義重大，但他們也希望學生有時候不要太快評論，先成爲連結性的知識者，等對相關事物有更深理解時再做反應。克林區認爲，雖然兩種知識態度跟性別並無必然的關係，但是統計上，比較多的女性有更強的連結性傾向。因此，她下了一個結論：「針鋒相對的教育型態對於男性而言比較適當，或者起碼比較不會造成壓力。」⑲然而，我們研究的教授群當中，並沒有清楚的圖像顯示他們傾向於接受或拒絕這樣的觀念。

儘管如此，卓越教師展現了非常特別的敏感度，知道哪些是所有學生都必須努力橫越的惡水，哪些又是部份學生才會遭遇的特殊問題。他們不會直截了當地認定：「如果有同學能夠以某種方式學習到某樣事物，所有人都應該做得到。」相反地，他們會針對授課對象的多元性而做調整，並且抱持高度的理解與同情心，回應人們面對新觀念、新資訊時可能經歷的情感上的轉折。他們明瞭，有些學生或許會對眞理並不存在於老師腦子的事實無所適從，甚至產生憎惡之敵意，也很熟悉，人類的智識發展包含了好幾個階段，所以能夠理解許多學生在面對一些老師視作理所當然的觀念與問題時，內心會有非常激烈的反應。

最成功的老師總期盼學生能夠抵達最高階的認知發展。他們排斥教學只是傳遞正確答案的觀點，拒絕學習不過是記憶授課內容的說法。他們希望學生超越接受知識者的範疇，這種態度可從其授課與評鑑方式觀察出來。他們甚至能夠清楚地區分，學生的「做學問」是出自課堂的要求（程序性的知識者），還是因爲內心的思惟模式和判斷機能已經產生徹底的轉變。

一般教授或許會把自己的工作定位在傳授相關主題的事實、概念與程序，但是我們的研究對象卻一再強調追究重要問題的答案，他們經常鼓勵學生運用各個領域的方法學、假設與概念來解決複雜的問題。課堂中，他們會試圖融合其他領域的重要文獻，並且強調接受教育的意義在哪裡。他們談論整合性教育的價值，而不著眼於個別課程的支離片斷。

這並不表示，他們沒有把該門學科教好，事實上，他們還是傳授了學科的特定內容，只是把它放在學生整體智識發展（經常還包括道德、情感和藝術性之發展）的脈絡底下。

相對於單純地傳授歷史、生物、化學或其他領域的知識，他們教導學生如何理解、應用、分析、綜合及評估證據與結論。他們強調判斷與權衡證據的能力，要求學生反省思索自我的思想。許多人談起發展智識習慣的重要，如何探詢適切的問題、檢驗自身的價值、培養美學的品味、認清道德上的抉擇，以及如何以不同的角度觀察世界。「我固然希望學生能夠理解我們自認在這領域所認知的事物，」一名科學家解釋道：「但是我也希望學生能夠明白我們是如何獲致結論的，這樣的發現還需要經過怎樣的探索與檢驗。我希望他們能夠詢問：『爲什麼我們認爲事實就是如此？我們立論的假設是什麼、具備的證據爲何，以及我們是如何推理出這樣的結論？』並且，我還希望他們問問自己，結論究竟帶來了什麼樣的意涵。」傑出教授不把焦點放在學生考試上的優異表現，而是一再提及如何成功轉換概念性理解的方式、培育進階推理技巧的作法，以及如何檢驗自我批判思考的能力。

## 教學之意涵

激勵卓越教師的主要想法，其實來自一項非常基本的觀察：人類是好奇的動物。當人們意圖解決自我關切的問題時，學習行爲自然會發生。他們發展出一種內在的興趣，引導知識的追求；但這裡有個弔詭的現象，如果外在的賞罰誘因明顯操弄了學習者關切的焦點，內在興趣很可能會消弭不見。當人們相信自己掌控學習的決定，就比較容易享有接受教育的樂趣。

大專院校中最頂尖的卓越教師，總會設法創造所謂的「自然性的批判學習環境」，在這裡老師把想要教導的技巧與資訊融入學生深感興趣的指定作業中（包括不同型態的問題與任務）；藉由實際的功課，激發學生的好奇心，並進而挑戰學生重新思索內在假設，檢視自我對眞實世界所抱持的心靈模型。他們創造出來的學習環境是友善的，學生儘可安心地嘗試、犯錯，接受專家的回饋，然後再繼續嘗試。學生能夠理解並記住學習到的事物，因爲他們已經熟悉並妥善使用必要的推理技巧，將相關內容整合至更大的概念之中。他們非常清楚課程觀念與資訊的意涵與應用，了解透過實際操作來評估自我智識成就的重要性，並且在操作過程中，知道自己可以靈活運用各門學科所規範之智識標準。簡單來說，他們能夠跳脫亞里斯多德式的物理世界，搖身一變成爲牛頓式的物理學家，因爲他們已經具備足夠的關切態度，開始質疑自我。

# 3 好老師如何準備教學？

想想看，當你準備教授一門課之前，會問自己怎樣的問題？記得二十三歲時第一次教大學課程（美國南北戰爭的歷史），我隨手在一只信封上擬下了四個問題。幾年後，在老舊的筆記本中翻到了這張紙條，發現年少時候的我對課程之需求十分簡單：教室在哪裡？該用什麼教科書？上課講述的內容爲何？該給學生幾次測驗？

本研究正式展開前，我們也進行了一場實驗遊戲，詢問研究對象：如果你想開設一門原本不存在的大學課程，會先問自己什麼樣的問題？顯然，這些卓越教師所探究的問題比我要豐富許多；並且叫人驚訝的是，儘管領域各不相同，他們提出的問題竟然非常相似。當我們進一步追究實驗結果時發現，他們並不只是引述記憶中教學實務的成功範例；事實上，其類同點來自於更深層的基礎，一種教育哲學的基本概念，形塑了他們對任何教學經驗的準備方式。就像一朵花反映出種子深植的基因密碼，老師的問題也代表了內心深處的教學觀念。如果想要獲益於卓越教師之見解，我們就必須同時探測理解外在的花朵及其背後之密碼。

就一般的教授而言，大多把焦點放在老師本身的作爲，而非學生應該學些什麼。在這種傳統的標準思維中，教育基本上是老師單方面地對學生做出某些事情，通常就是傳遞該學科的一些眞理——部份學者稱之爲「傳遞模型」(transmission model)。不可諱言地，一九六五年的我正秉持著相同的想法，因爲那幾個問題只能由此模型解讀出意義。

相反地，卓越教師往往把教育看成是任何可能幫助或激勵學生學習的事情。基本上，就是要引導學生參與，造就一個能讓他們安心學習的場域。同等重要的是，他們嚴肅看待該如何創造成功學習環境的問題，將其視作非常重要的智識（或藝術）行爲，甚至是一門需要學界最優秀心靈關注的大學問。①對於我們的研究對象而言，這門學問包含了四方面的基本探索：⑴經過學習之後，學生在智識、生理或情感上應該能夠做些什麼？⑵老師應該如何幫助、激勵學生發展那些能力，並且培養實際運用技能的心靈習慣？⑶

老師和學生如何能夠確切理解學習過程的本質、品質和進展情形？⑷老師如何評估自我在促長學習方面的努力？

很快地，一組豐富而值得關切的議題便隨之而生。上述的第一個問題，關係著對於特定學科（或藝術形式）之本質的重要想法。這是一種知識論的探索——到底認知某事物的意義何在？仔細追究，遠遠超越了某些談論學習目標的含糊語句（比如：「習得教材內容」、「批判思考」、「關注主題」、「對相關課題得心應手」、「邁入更高的層級」等等）。在試圖定義傳統語言的過程當中，卓越教師經常表示，希望學生在智識上「做」些什麼，而不是他們應該「學習」到什麼。至於其他的問題，大部分學科都沒有相關研究，因此必須仰賴關於人類學習過程之眾多且持續成長的理論及實證研究。

「教學促長學習」和「教學乃嚴肅之智識課題」這兩項強而有力的觀念，可從底下十三個——由卓越教師口中歸納出來的——計畫性問題中清楚地呈現出來。

一、我的課程能夠幫助學生回答什麼重大問題，或者發展出怎樣的技巧、能力或品質，以及我該如何激發學生對這些問題和技能的興趣？

有兩項重要的原則出現在這裡。首先，卓越教師的計畫通常是由後往前推的，也就是先從想要促長的結果著手。他們先問自己，是否希望學生記憶、理解、應用、分析、綜合或評估。有時候，會把焦點放在學生應該準備進入什麼類型的對話，以及對話的目標是誰（其他學生、受過教育的群衆、政策擬定者，或研究員等等）；或者什麼樣的問題是學生應該學會因應之道，而毋需仰賴記憶；或者哪些人類的品質，是學生應該從此課程中發展培養的。「我的出發點，」一名教授告訴我們：「會從課程可能面對的最大問題開始。然後再設法擬定要處理這個大議題之前，學生必須先探索的各個問題。」卓越教師通常都迫使自己邁入更高的層次，不會一步就踏入跟課程直接相關的「重大」議題，而會不斷追問「議題背後還有什麼重要的意涵？」透過逼問自己的過程，很容易就碰觸到終極哲學問題的邊緣（「人類可以控制自己的命運嗎？」）

其次，上述進程要能成功根植於下面的假設：如果老師期盼獲致什麼樣的成果，學生必須相信或逐漸變得相信，這些目標也是自己希望達成的。卓越教師時時思索，該如何幫助學生明瞭課堂學問所帶來的所有愉悅與美感。他們喜歡談論成功激發學生熱情和好奇的美好經驗。課程計畫中極重要的一環包括，該如何在第一堂課就吸引學生的關切，願意付出心力成就課程目標——也就是，學生可能立下之智識上的許諾。

二、為了有效解答課程所提出的問題，學生必須具備或發展什麼樣的推理能力？

由於卓越教師非常肯定如何由證據推出結論的能力，所以對學生的期待，不會僅止於標準答案的機械性記憶。他們希望知道的是，該如何幫助學生有效地推理出解答。該如何思索，才像個歷史學家、物理學家、化學家或政治學家？該具備怎樣的抽象推理能力，才能真正理解課程的中心概念？在閱讀或解答問題的過程當中，學生可能面臨的最大困境是什麼？我該怎麼鼓勵學生面對困難，實際操作推理技巧？我該提供什麼樣的實務經驗，讓學生得以修正磨練其推理能力？

三、學生進入課堂時，可能秉持怎樣的心靈模式需要接受挑戰？我該如何幫助他們建構這樣的智識挑戰？

對於珍娜特・諾丹而言，底下的工作是十分重要的：找出學生基本心靈架構中阻礙吸收課程重要觀念的瓶頸，詳盡說明課程希望學生在內心建構的新模型，以及明瞭該如何檢驗學生是否掌握了新的模式，或至少能夠理解接受新事物之際所面對的問題。她小心翼翼地設計各種方式來挑戰既定的假設，讓學生陷入舊思維無法解決的難局。

四、學生必須獲取怎樣的資訊才能回答課程的重要問題，挑戰內心既存的假設？而獲取此類資訊的最好方式是什麼？

只有在這個問題上，我們探究之卓越教師的思索方向比較接近一般人常問的：「我該在授課內容中納入什麼樣的資訊？」不過即便如此，出發點還是略有不同：他們並非著眼在教授本身之意圖，而是關切學生必須具備的智識條件。思考重點依然放在該如何幫助學生推理或創造，如何妥善運用習得之新資訊，而不是一股腦地想著要如何把學生需要知道的知識訊息傳遞出去。

這方面的探究，同樣挑戰了傳統上對學習的觀點。有些教授談論起知識，往往局限於「傳遞」或「轉送」的想法，彷若把傳授對象的頭打開，再灌入相關資訊。這也難怪，他們總是想著該如何提出最能夠讓學生接受的解釋方法，而不關切該如何幫助與鼓勵學生建構自我之解釋、推理、立論，或甚至採取行動。然而，從卓越教師提出的問題模型可以顯現，學生在學習過程中扮演了主動性的角色。他們獲取資訊，發展理解資訊的能力，並學習運用資訊的方法。「我在課堂中的所作所爲並不重要，」洛夫・林恩表示：「因爲學習的唯一方式就是閱讀與思索。」

當然實際上，林恩和其他卓越教師都很細心地思考自己在課堂中的所作所爲，而上述問題的探索正大大影響了他們的選擇。有時候，他們決定要花工夫多做解釋；有時候，則教導學生如何更有效地閱讀，或是要求學生互相闡述課程的重點。並且經常性地，透過指定教材的觀念與資訊幫助學生推理思考。於是，追究的問題變成：「怎樣的關鍵資訊或概念是必須解釋清楚的，好讓學生奠下建構理解的良好基礎（鷹架）？」（這比「授課內容該囊括什麼？」的問題來得豐富許多）。簡單來說，就是追問：要如何幫助學生在課堂之外也能持續學習？

### 五、我該怎麼幫助不知道如何理解問題、不知道如何運用證據和理性解答問題的學生？

有些卓越教師或許會計畫更有效的解釋方式，或許會設計一些問題讓學生把注意力集中在最重大的議題上，釐清觀念，或者強調容易被忽略的假設。許多教授細心思索，該要求學生寫些什麼報告來幫助及鼓勵他們掌握重要的觀念、應用、意涵和假設。面對學生，我該展現出什麼圖像？闡述什麼樣的故事？有什麼溢於言表的意涵需要探究？我如何辨認出哪些同學在發展必備之推理技巧時，遭遇了最大的困難？我如何創造出適當的情境，讓學生得以共同推理、相互挑戰？

或許乍聽之下，這些問題只適用於智能相對薄弱之學生，其實不然，即便成績優異者也很可能有同樣的困難。「有些學生在學校的功課良好，」一名教授告訴我們：「但還是無法發展深度的理解，缺乏思考的能力，或者不能反省自我的思想。我設法嘗試，該如何激勵他們從外在表現的層級，晉升到更深層、更具意義的學習。」我該怎麼做，才能導引學生（包括最優秀者）從事更深入的理解，修煉推理智能，並確實明瞭開放在他們面前之寬廣學習的本質？傑出教授知道，課程內容有時候會讓學生產生情感上的衝突，進而阻礙有能力者更好的表現。

六、我該如何引導遭遇衝突問題的學生（有時遭遇到的甚至是互相衝突之事實陳述）？該如何鼓勵他們因應（或許可與同伴合作）這些議題？

有些教授的授課方式，彷若是把該學科當作是一組由衆多不變事實集合而成的巨大知識體，學生只要設法將其記在腦子裏就好了。這樣的觀念在自然科學界似乎最爲普遍（「我們的領域具備了一些學生必須徹底學習的事實」，這當中並沒有什麼可以爭論的空間」）；不過有些歷史學家，或社會科學、人文學科之特殊領域的專家也抱持類似的想法。但是另一方面，會提出第六個問題的老師則對自身領域有截然不同的看法（或至少對該如何學習的意見差距甚遠）——他們強調學術知識具備建構性與持續修正的本質，因此如何幫助學生建構自我理解顯得格外重要。

然而，對於這樣的知識論，科學家和人文學家各自發展出迥異的詮釋。舉例來說，人文學家之所以提出上述問題，是因爲他們看見了相互衝突的事實陳述，不斷地爭論以尋求主流地位的認可；科學家則不然，他們是因爲相信在尋求理解自然的奮鬥過程當中，新的、更好的資訊總會取代過時的理論資料。除此之外，科學家對學科發現之「眞理」具備什麼意涵、該如何應用並無定論，因此會關切可能的衝突，於是也希望學生共同參與相關的討論。

無論是哪一條進路，卓越教師往往設法將衝突之議題放入課程進展的架構之內。有時候，他們會藉由指定的閱讀教材，展現敵對立場思想家之間的論辯。有時候，他們會利用舊有信念的演變，讓學生理解當今的科學論述是如何產生的。他們幫助學生把焦點放在學科歷史發展的重要轉折，當基本概念轉變之際，引發了哪些值得注意的爭議。有一名教師在課堂中提出精巧有趣、概念意涵又極爲豐富的問題，與學生合力設想可能的假設，檢驗支持該假設的證據，再鼓勵學生根據相關證據臆測輔助性的理論。更常見的情況是，教授幫助學生思考應付科學眞理所帶來的意涵與應用問題。比方說，要求學生每次上課前都先設想兩個問題，然後利用這些問題引導出批判性的對話。

當然，這中間還包括一些策略性的考量。該怎麼做，才能最有效地刺激出學生之間的討論與合作？在班上，該安排或鼓勵什麼樣的研討小組？是同質性較高的，還是組成份子較多元的？或者，應該任由他們自行選擇？應不應該在課堂中設計小組作業，幫助他們建構小組的凝聚力？如果讓學生自由形成小組，該怎麼幫助害羞的同學找到適合之搭檔？

## 七、我該如何探知學生進入課堂之前預先知道了什麼，以及對於課程的期待是什麼？我

該如何調節學生和老師之間可能的期待差異？

任何人在教書的過程當中，都會面臨一種兩難。一方面，我們很清楚學生在回答自我問題時，學習效果最好；但是另一方面，掌控問題、擬定教育進程、設計教學內容與目標的人是老師，不是學生。而且，由老師主導教學似乎合理而正當，因爲教授身爲該領域的專家，對於學科應該學習的內容有更精準的掌握。第七個問題的提出，主要是希望藉由尋覓、探索老師和學生之間的共同立場，來消弭可能發生的需求衝突。

我該如何在課程初期，就調查出學生對特定議題或問題的興趣？我可以在學期開始前，就利用網際網路收集這方面的資訊嗎？或者，應該在第一堂課就發下小卡片，要同學寫下意圖知道的事情？或者，應該列出課程可能面對的主要問題，然後要求學生據此表達興趣的高低？

我該如何激勵學生提出好的問題，掌控自我的教育？能不能讓學生相互討論各自不同的興趣，然後以這些對話爲基礎，引導出對更寬廣問題的好奇，進而讓學習者產生共同的興趣？我如何幫助他們看出，學生有興趣的問題和老師爲課程挑選的議題之間，其實帶有某種關連？舉例而言，我能否把課程擬定之問題，連結到已經吸引學生興趣的大議題上？

許多卓越教師甚至更進一步追問自己：爲了連結學生的需要，是否做好更動個別課程，或修改整學期計畫的準備？該如何揀選對學生最具意義的範例？是否願意隨時增修課程——包括考試、作業，及課堂的進行方式等等——以回應其對同學興趣和知識狀況的了解？在有待學習的龐大知識體系當中，能否把學生最感興趣的部份挑選出來？

八、我如何幫助學生學會學習的方式和本質，知道如何檢驗評估自我的學習和思想，能夠更有效、更具分析力、更主動地閱讀？

我們的研究對象一般都認定自己肩負了一項重要責任，必須幫助學生成爲更好、更具自我意識的學習者。這方面的努力，部份著重在激發學生思索學習之本質，想想所謂採用該學科之標準與程序思考事物的意義到底何在。我是不是應該親身示範自己是怎麼學習和解答問題的？能否提供任何建言，傳授一些學習上的撇步技巧，幫助學生開展重要觀念之理解，以及理解後的記憶？我從前是怎麼學習這些教材的？該提出怎樣的問題來激發學生思考學習的意義，以及該如何改善其學習與思考狀況？

我們發現這些教學成效卓著的教授，通常都有一股強烈的慾望，希望幫助學生學習如何閱讀。而這方面的期盼，部份導因於各門學科有各自不同的閱讀策略。另外，也因為他們體認到，大部分的學生在初等教育之後就沒有獲得任何關於如何閱讀的正式引導，即使事實上，隨著教育程度的升高，所需具備之閱讀技巧更為精密複雜。因此，傑出教授四處尋覓如何有效閱讀相關領域之學術著作的建議，並費心思索能夠彰顯特定分析策略的問題。這門課程的閱讀資料跟其他領域相比，有沒有什麼獨特的差異？該怎麼把指定素材拆解成步驟分明的策略？有些教授特別設計了一些比較複雜的作業，讓學生能夠進行小組討論，嘗試用集體的力量完成挑戰。

我們另外也發現，這些卓越教授在建構課程計畫時，多半意圖設計出有效的方式，鼓勵學生學會如何學習，以及從自我的錯誤中吸取教訓。這樣的計畫引導出下一個問題。

九、我如何在正式評鑑之前就先了解學生的學習狀況，並預先給予（與任何評估分離的）意見回饋？

由於許多老師都把選取好學生看成是首要的任務，所以教起書來往往遵循著一個很簡單的模式：授課—評鑑（在這裡，授課指的通常就是以講演或口頭闡釋的形式提供正確的答案）。然而，第九個問題所代表的卻是一個在本質上截然不同的教學概念，這種概念跟里查・萊特針對哈佛高成效課程之調查報告中所反應的想法極爲相似。一般而言，卓越教師相信大部分的學生都具備學習的能力，因此會嘗試各種方式來幫助大家完成學習。他們思索著，該如何鼓勵學生把腦子想的事情表達出來，創造一個沒有威脅性的環境讓學生暢所欲言。他們設法給予學生奮力思索的機會，而不用擔憂馬上遭受權威性的評比；在努力的過程當中，可以接獲善意的回饋，並且在面對任何「成績」之前，有充分的機會嘗試錯誤。

傳統評分系統所代表的只是一種非常簡陋的機制，端詳別人的思想或成品，然後將其智識成果分類至幾個寬鬆的群組（「A」、「A-」等等）；這樣的設計，老實講，並無法對學生學習過程的品質和缺陷透露太多的訊息。至於現代的評分系統——針對學習狀況賦予分數或字母的評比——則是最近才出現在高等教育的新發明。面對日趨複雜與技術化的世界，當前的教育文化開始尋找釐清智識才能的新方法，於是上述之評鑑方式逐漸受到青睞。在這樣的系統中，教授扮演了雙重角色：首先，幫助學生學習；其次，告訴社會到底有多少程度的學習確實發生。詢問第九個問題的意圖，正顯現了這兩項任務的區別，並且賦予前者更高的主導地位。所以，重要的是提供學習者適切的意見回饋，而不僅僅評斷其努力。

我該跟個別學生保持什麼層級的互動？除了閱視其成品**之外**，是不是還有時間跟學生進行一對一的溝通？該如何安排個別會面的時程？能給予他們怎樣的協助？即使無法進行一對一的溝通，能不能安排小組性的會面，從中掌握他們的問題，明瞭其學習狀況、思索進路，以及對課程的反應？我能否設計出良好的方式，讓學生彼此進行深具意義之意見交流與回饋？可不可以挪出課堂的時間，安排學生小組討論問題，再以小組爲單位，給予集體性的意見回饋？

十、當我傳遞資訊與意見時，該用什麼樣的方式才能讓學生保持思考的狀態？

雖然這個問題可能會移轉到授課風格與內容之檢視（第五章詳盡探討的主題），但事實上，它可能關係到任何一種跟學生溝通的情境，包括簡短的解釋，討論的仲裁，以及口語上的教導。對某些人而言，它也可能引伸至觀念與資訊交流的另類模式——論文報告、網際網路、影片拍攝等等。無論如何，最重要的是，它把焦點放在如何激發學生之參與感和注意力，而非老師的行爲表現本身；只有當學生的思考被有效刺激，溝通才算成功。

我如何在維持既有對話主軸的情況下，持續碰觸學生的心靈？該怎麼做，才能避免一言堂的情況發生？我該如何提供語調、韻律、色彩的多元性？什麼時候該停下腳步……聆聽學生的意見？怎樣的問題或解釋可以吸引學生的注意？我的肢體語言是否和口中所表達的相一致？是不是應該在課堂分發講義？什麼時間點分發講義最恰當、最能幫助學生凝聚注意力？什麼時候該讓同學相互討論，或者閱讀我預先準備好的書面資料？如果需要使用黑板書寫文字，該如何避免對著牆壁說話的情形？該如何做到簡潔扼要的表達方式？怎樣才能防止凌亂不堪的語言？該如何強調關鍵性的重點？什麼時候應該重複，而又不會因此失去學生的注意力？

我們的研究對象所關切的，通常不在表面或策略性的學習，而在於深層學習之提升，設想如何幫助學生成爲更好的思考者，鼓勵他們用心處理重要的議題，理解核心概念。這些老師在準備與學生溝通之際，都會把學習目標放在心裡，由此引導出傳遞訊息的方式。

十一、當我決定採用什麼樣的智識和專業標準來評鑑學生時，該如何清楚地表達，並說明爲何採取這樣的方式？我該如何幫助學生運用這些標準評估自我成果？

「如果學生不知道應該怎麼評估自己成就的功課，」保羅・特拉維斯論述：「那就表示他們沒有眞正學習到。」「優良成果的標準，」另一名教授告訴我們：「其實是表達學習意義本身的一種方式。」我該如何引導學生仔細評判自己從事的思索與推理？該如何幫助他們理解、欣賞並採納課堂所期盼之良好推理的標準？該怎樣引領他們比較本課堂的推理方式，和其他課程或其他情境有些什麼異同？

十二、怎樣的方式，最能幫助學生和我了解同學學習的實際情形、進展狀況和品質特性？

值得注意的是，這個問題並不是關切老師應該採行多少次的測驗、應該如何計算最後的成績。它主要是要探索學生在智識上的實質發展，而非課業上的外在表現。怎樣的指標最能探測出學習者的理解狀況？我們要怎麼知道學習者已經懂得如何推理？追問這些問題的教育工作者，往往期盼學生能夠掌握自我的學習進程。他們甚至希望學生幫忙設計探測學習狀況的方式。一旦彼此的信任建立起來，老師和學生就可以傾聽對方的看法，了解實際情形。

十三、我該如何創造一個自然性的批判學習環境，藉由兼具趣味及挑戰性的指定功課（包括問題與作業），傳遞我意欲教導之技巧與資訊——可激發學生好奇心，進而檢視、思索其心靈模型與既存假設的眞實任務？我該如何創造一個充滿善意的安全環境，讓學生勇於嘗試，即使犯錯也無所謂，又能隨時接受意見回饋，再繼續嘗試？

前面提到的所有問題，其實都環繞在此議題上，以及它所引申之如何最有效地幫助與激勵學習的概念。對卓越教師而言，這方面的探究往往引導出能夠讓學生實際演練之工作計畫，不僅迷人，而且可以挑戰學習者的思考模式。指定之工作任務成爲課程的重心所在，不再只是一般的功課；教授通常會花心思將其拆解成幾個兼具意義與趣味的小部份，然後持續性地幫助學生把目光投射於更寬廣的學習目標。

一九七七年秋季，喬德・里查森（Chad Richardson）來到德州南端的下里歐格蘭村

（Lower Rio Grande Valley），擔任泛美大學（Pan American University）的社會學教授。甫自德州大學奧斯丁分校（University of Texas at Austin）的研究所畢業，懷著滿腔熱情，亟欲將自身領域的精彩內容介紹給他人分享。泛美大學裡，大部分的學生來自當地，四分之三是講西班牙語的墨西哥後裔。他們雖然擁有豐富的文化資產，但是就傳統的評量標準而言，大多缺乏良好的學術技能，無法在大學中獲致優異的表現。

有些家庭，靠著河邊的農業經濟稍有發展；然而，大部分的學生卻出身貧窮。許多人為希德勾郡（Hidalgo County）招募之十萬移民農工的後代，他們付出辛苦的勞力，造就了當地的財富，但並沒有享受到同等利益。這些開路先鋒，往往是家族成員中頭一個進入大學的子弟，甚至是最早識字者。泛美大學採取開放式的入學政策，所以招募之學生無論是高中在校成績或入學性向測驗的表現都顯得參差不齊；不過大體而言，鮮有高程度者前來申請。

位居邊境地帶，銜接兩種無法和樂相容的國族文化。西班牙後裔（Hispanics）看重傳統與文化，但卻常常發現自己成為坊間低俗漫畫的笑柄，嘲弄其生活習慣、日常語言及成長背景。至於另外百分之二十不含墨西哥血統的居民（當地人稱之為「英國佬」

〔Anglos〕），有些人感覺孤單疏離，與當地文化格格不入；不過儘管如此，這些人還是掌握了經濟和政治權力的主導地位。

里查森要學生們思索一個中心議題及其衍伸出來之重要意涵：社會是如何影響個別的人類行爲，而這種影響是否勝過原本存在個人身上之人格特質與生物力量？據里查森所言，許多學生進入課堂之前，都相信人類行爲只受到個人內在力量的影響。這樣的迷思需要打破，於是他竭盡所能引導學生改變思維習慣，想想社會力量是如何形塑個人生命的。他希望所有學生——無論是墨西哥或英國後裔——都能對所處環境呈現之多元文化予以同情的理解，並且從課堂的訓練當中，逐步發展出由社會角度來思索事物，以及與他人溝通自我思想的能力（並且對此技能產生高度的信心）。這表示，他們必須同時學習歸納（由個案建構重要社會學概念的理解）和演繹性（運用上述觀念掌握新的狀況）的思考方法。

面對如此艱鉅的挑戰，里查森力謀解決之道，從其深諳之自然學習法出發，對個別故事產生之奧妙魔力抱持高度的信心。他經常思索孩童是如何學習母語的，進而發現他們並非仰賴文法規則之記憶，而是「從許許多多的範例當中，歸納整合出一些運用模式。」

在社會學的課程裡，里查森幫助學生仿效人種地理學之原始研究歷程，從個別案例出發，收集來自親朋好友和其他人的實際故事，面向涵蓋各個層面，包括：未列入正式記錄的墨西哥勞工、幫助勞工偷渡入境的走私客、追緝非法移民的移民局官員、赫然發現自己屬於極少數族群的英裔中學生，以及不懂西班牙語的墨裔美國人等等。

第一天上課時，他便將課程大綱發給同學，詳細說明研究計畫之進行步驟。說明的口吻是「邀請性的」，而非「命令式的」，內容充滿正面期待（「你將會…」）。隨著課程之進展，里查森施予密集性的訓練，讓學生知道如何進行面談，注意資料展現之規律模式，寫出適切的經驗報告。課堂中，共同探討重要的社會學概念，再以分組的方式，讓學生嘗試概念之應用，並回報成果。揚棄單純的「講演」形式，強調互動性的討論，希望藉由個別經驗，幫助學生理解一些基本觀念。

儘管同學對此實際任務反應頗佳，里查森還是覺得課業的味道太重；於是，一九八三年起，他開始爲同學努力之成果找尋發表的管道。首先，將他們在人種地理學上的研究報告整理建檔，然後與當地報紙接洽，刊登一些他們蒐集到的故事。同時，面對新班級時，也讓學生觀摩前輩們所成就的作品。

有些同學乍聽老師交代之任務時，會心生懼怕；但是，如果讓他們先看看其他同學的成品之後，通常變得比較願意嘗試。一旦親身參與計畫，發現自己身處之地區與文化被賦予特別的意義，興致就逐步升高。透過這樣的訓練方式，學生的寫作技巧大幅改善，對於社會學概念的掌握，以及閱讀、觀察、分析和綜合的能力，也都有長足的進步。「相較於隨便舉一、兩個例子來說明概念，」里查森表示：「學生從實務範例的操演獲致結論，如此更能把概念的眞義牢牢記住。」對於複雜概念的理解與應用、資料的收集與分析，以及溝通思想的能力，學生顯得信心十足，自尊心也隨之增強。愈來愈多的同學，進入社會學或其他領域的研究所深造，甚至還有人當上了德州農工大學（Texas A&M University）社會系的系主任。一九九九年，德州大學出版社（University of Texas Press）出版了里查森及其三百五十名學生的作品合集。②

對於里查森而言，最大的成就莫過於讓一大群學生「更深刻地體認當地豐富的文化資產。」爲此，他下了個結語：體認文化的經驗，可以「增加多元性的接受程度，賦予歷史『定位』的意義，並提升自我尊嚴。」

里查森剛來此地時，希望在一年開授八到十門課的同時，還有餘力繼續自己的研究。

結果發現，研究和教學之間並不必然衝突，兩種事業都關係到學習，只要用心找尋方法，就可以讓教授與學生的學習達到互惠的效果。

在羅德島設計學院（Rhode Island School of Design）中，景觀設計、建築工程和工業設計的學生，傳統上都各自完成單一性的作品，然後交給老師打成績。「無論是在學校或產業界，有許多作品都以線性的方式完成，」查理‧卡農（Charlie Cannon）這樣說道。「建築師單獨完成自己的部份，然後交給景觀設計師和工業工程師處理；整個流程當中，三者之間少有統合性的互動。」他和幾位同事希望改變現況，幫助學生學習如何與他人合作，打破科系之間的藩籬，超越自身狹隘的專業領域，進而針對大型公共計畫定義出新的思維模式——聆聽不同的聲音，將雜亂衝突的觀念轉換成具體的成果。他希望學生在設計的過程當中，能夠同時考量環境、社會、經濟、社區與政治議題。

一個嶄新的工作室因應而生——結合了工業設計、土木工程、景觀建築等科系的大學生和研究生。卡農做了些重要的決定，徹底改造傳統的教育經驗。首先，他把自我的角色定位成催生作品的個別教練，而非評斷最後成品的法官。再者，分派學生之任務是必須共同合作的大型龐雜計畫，彼此分享來自各領域的觀念與資訊。過程中學習到的任何事物，皆置於追尋集體目標的脈絡裡，伴隨著實際參與的親身體驗。第三，他幫助學生探究各式各樣的社會、經濟、環境、社區與政治議題。最重要的是，儘管選擇計畫的人是卡農，他終究還是讓學生掌控了課程與作品的進行。

爲了確實給予學生自我操控的感覺，卡農小心翼翼地挑選工作計畫，希望能「吸引學生的興趣」。第一天上課時，他就讓所有同學了解他們需要付出大量的時間與心力，並且整個工作計畫具備集體合作的性質。他特別強調，任務是非常實際的，會對社會產生實質的影響力。過程衍生之觀念，將付諸實現；更重要的是，這種合作性的探索及多層面的考量乃前衛性之嘗試，勢必重塑學科專業的界定。最後，他讓學生自己決定是否接收這項艱鉅的挑戰，參與「既折磨又深具報償」的特殊經驗。

隨著課程之進展，卡農慢慢把控制權移轉到學生身上，直到他們確確實實「成爲作品的主人」。一開始，先明白告訴學生必須成就怎樣的任務，但是中繼性的目標與工具則交由學生全權處理。他促請學生挑選自己想要深入探索之個別主題（從景觀藝術到工程技術的任何主題都可以），然後整個學期下來，就成爲課堂中該主題的專家。「如果我們需要關於響尾蛇移居模式的知識，很清楚知道該找哪位同學求助，」卡農如此解釋。一且學生完成研究，便會回報給班上所有同學，彼此交換心得，然後再將成果綜合整理，以幾個大型的看板展示結論。

由於集體合作是種嶄新的嘗試，卡農再三提醒同學適切角色之扮演與轉換：催生作品者、記錄整理者、確保人人參與討論的主導者，以及一、兩個「時時注意小組情緒發展的輔導者」。他要求同學尊重彼此的貢獻，發揮「同舟共濟」的精神，畢竟大家對於眼前探索的主題都十分陌生。

在圖書館和教室歷練了四個星期之後，老師帶領學生造訪計畫預定的實際地點——舉例來說，紐約港口的廢棄物處理設施——然後再參觀其他相關的場所：城市的垃圾場、回收中心，以及回收物的再造工廠。「書本上學習的美好知識，」卡農表示：「突然間與實務界的骯髒事物連結在一起。」他們開車在鄰近社區轉來轉去，翻閱電話簿查看產業的分布情形，並研讀大大小小的地圖。參訪行程結束後，卡農還會邀請六到十二位的來賓——包括社區運動者、環保戰將、都市計畫者、建築師、藝術家，或甚至是其他學校的學生——共同參與爲期二日的腦力激盪，尋求解決之道。他希望學生能夠「推敲最寬廣的可能進路」，把自己「沈浸於尚無定論之泥沼」，直到最後階段才細思個別的意涵，把內心想法結合成粹爛的觀念「群組」。「我鼓勵他們儘可能地開展出與其他人截然不同的觀念，」卡農解釋道：「進而領悟問題的解決途徑絕非獨一無二。」

接下來，進入關鍵性的策劃階段。「此時，」卡農表示：「我把他們鎖在一個房間思索，並且提醒他們：『到目前爲止想到的觀念，很有可能根本不是適切的答案。我們需要奮力出擊，仔細規劃好工作方針或處理哲學，決定整個計畫運行的方向。』我要他們勾勒出工作計畫的來龍去脈，然後離開房間。」學生開始重新設計問題，運用剩下的幾個星期，合力完成任務。「從現在起，學生完全當家。他們腦子設想的問題，已經超越原本擬定之框架，課程目標也被重新定義。」最後，他們還是會諮詢小組之外的專家，從「專家言語」當中追尋相關課題，並彼此分享努力的成果。

大體而言，學生並未達成傳統設計課程的任何一項標準。他們沒有足夠的時間製造最精緻的成品，不過卻學會了如何與他人合作，下工夫研究，考量各種相關議題（包括環境的問題），權衡不同的視野，界定問題的本質。撇開傳統課程對學生的要求，卡農重新定義課堂學習的精髓，爲學生開創寶貴的經驗，致力於上述目標之實現。

高效能的教師總能創造比較好的學習經驗，部份原因在於他們把教育看成是一種增長學習的過程。所作所爲，無不出自對學生心智發展的關懷與理解。他們不會盲目遵循傳統；但在修改課程的同時，也了解有哪些更動是必要且可行的。本章列舉的十三個問題，可以幫助我們記住在研擬課程計畫時應該注意的重點；但是，如果想要眞正學習到高效能教師的實務技能與思想，光光照單全收，將其內在模式運用得完美無暇是不夠的——即便這些操作原理都來自於最卓越的教師。我們必須由其教學進路，建構出對有效學習環境的自我理解，擺脫制式傳統的限制，以變革之精神與專業尋找最好的解決途徑。

# 4　好老師對學生有何期待？

克勞德・史帝爾（Claude Steele）面臨了一個很多老師在課堂上都會碰到的問題。這位史丹佛大學出身的社會心理學家，非常清楚社會中存在一些叫人不舒服的刻板印象，認爲非裔美國人和西班牙裔的學生在大學裡的表現普遍低落，女性普遍無法應付數學和物理的挑戰。全國性的統計資料似乎也支持了這種偏見：非裔和西班牙裔的美國人面對基礎課程，確實比其他學生容易被當；而女性成爲數學家或物理學家的比例，也確實較男性低。但是，史帝爾卻拒絕爲此擾人之結構模式賦予性別或種族歧視性的解釋。

他知道，長久以來，種族主義、性別不平等的觀念，以及各種差別待遇和隔離政策已經爲社會留下嚴重的創傷。許多人不斷接獲偏頗的訊息，認爲自己在某種活動（例如：

課業學習）先天就差人一等，於是就很容易選擇放棄，或者朝向另一類型的領域發展。再者，黑人和西班牙裔的小孩與歐裔白人子弟相較，原本讀的中小學就比較差，大學之前的預備工夫自然不足。然而，這些原因還是無法解釋爲什麼**從整個族群而言**（當然還是有很多個別性的例外），即使是好學校出身，雄心萬丈又自信滿滿之中高階層的非裔美國學生，相對上比同類型的歐裔美國學生落後許多。

這位史丹佛的心理學家不禁懷疑：負面的社會刻板印象，是不是對少數族群和女性自我設定之目標產生了很大的影響，儘管他們在意識上拒絕承認？①再者，他也大膽臆測——因爲證據似乎指向這樣的結論——負面性的刻板印象，其實對最具信心的弱勢族群影響最大，他們尚未內化差人一等的感覺，擁有優質的教育，而且眞心期盼能在學界闖出一片天地。

史帝爾的理論是：這些負面刻板印象的受害者，面對一般人都認爲他們做不好的工作，但是心中又希望且相信自己可以做好，反而因此無法脫離周邊偏頗信念的陰影。如果任務格外艱困沈重，伴隨而來的壓力會觸發深植於潛意識之負面印象。「要是我不能解決這個問題，」他們可能會想：「其他人必然相信那些刻板印象是眞實的。」愈冀望成功，就愈容易受到這種思想的干擾。最起碼，會影響其專注力；最糟的情況，則是驅使他們將所有精力只用於證明大衆偏見是錯誤的。不管如何，負面刻板印象的自覺增添了別人不需要承受的焦慮，而這樣的壓力往往會減緩與傷害其表現能力，於是又加深了內心的苦惱，再度提醒自己負面性的刻板印象，如此循環不已。

舉例來說，史帝爾明白許多研究顯示，女性在**某個困難層級之前**，數學上的表現與男性相當。但是一旦超越了這個門檻，大部分的女性往往無法成功應付。幾十年來，許多教育工作者因此認定原因出在先天的性別差異。然而，史帝爾卻有不同的看法。他的推論是：遇到困難的數學問題時，不管男的或女的多少都會緊張，但是對於男性而言，焦慮的來源只是數學問題本身。女性則不然，除了問題本身之外，還會引爆負面刻板印象帶來的壓力：「其他人會怎麼想我？我該如何證明他們是錯的？」史帝爾稱這種感覺爲「刻板印象的傷害」（stereotype vulnerability）——當個人感覺到「自己將被某種負面的刻板印象評斷或對待，或者可能因爲做出怎樣的行爲，而證實了周遭大衆抱持的那種刻板印象」時，額外的負擔與傷害便容易產生。

大部分女性試圖掙脫大衆偏見的窠臼之際，往往變得更爲焦躁不安，特別是如果她們把解決數學問題看得非常重要，又相信自己必須而且能夠克服困難。不久前，史帝爾為此下了個註解：「一個人會擔憂負面刻板印象的干擾，一定是因為他對該領域十分看重。」因此，高中及大學初期數學表現優異的女性，或是擅長任何一門學科的黑人學生，或許會對自己在該領域的未來發展築起夢想，但也正是那些夢想「激發了內心的警戒，擔憂未來會被社會對其族群之偏頗觀感與對待所侵蝕。」關切之心愈重，就愈容易受到刻板印象的傷害，只許成功不許失敗的壓力格外沈重。

史帝爾和其他學者發現，如果這些人能夠相信旁人並非帶者有色眼光看待他們，他們的成就便產生明顯的改變。舉例來說，在困難的數學測驗之前，如果史帝爾成功地說服女學生，讓她們知道所有參與測驗的考官都假定男女的能力相當，那麼女學生的表現也就確實毫不遜色。②在另一場實驗中，他和喬舒亞・阿龍森（Joshua Aronson）帶了一群黑人學生進入史丹佛的研究室，測驗GRE的語文部份。學生分為兩組，其中一組被告知題目是要測試他們的語彙能力；另外一組的說明則是：「實驗性質的工作，目的乃探究某些特定題目之解決方式；」並且暗示整個過程與智商能力的測試無關。結果發現，僅僅試前說明的更動，就造成了測驗成績的明顯差異。第一組學生在懷疑自我能力的情況下參與測驗，表現成果遠遠低於第二組，儘管兩組學生的背景如出一轍。③

這些史丹佛的研究學者甚至發現，他們可以針對傳統上在某個領域享有正面評價的族群，製造刻板印象的威嚇力量。舉例來說，白人男性從來不曾被社會認爲是無法從事高等數學的「品種」。然而，研究員卻可以讓那些進階數學課程成績優異的歐裔美國學生，在一場困難的測驗當中失去應有的水準，只要他們事先表明，亞洲學生於該測驗的表現普遍比「白種學生」來得出色。突然之間，這些學生感受到一股壓力，如果考試不盡理想，別人就會將其視作比另一族群低劣的對象。④

上述研究的意義究竟何在？這跟高效能教師的探討有何關連？其實，它關係到一項重要的論辯，而論辯的不同立場似乎正好凸顯了卓越教師與其他教育工作者的不同。詳情如下：如果你聽信一些廣泛流傳之校園耳語，或許認爲要想獲取優良教學的響亮名聲——或至少在學生評鑑中得到高度評價——最好的方式就是開設營養學分，讓學生可以輕鬆過關。許多教授相信，爭取師鐸獎的不二法門乃降低課程之要求與標準；而他們之所以在學生評鑑當中表現貧瘠，正導因於其拒絕妥協的堅持。然而，研究刻板印象傷害的社會心理學家，以及我們探索的高效能教師，則對此過度簡化之觀念提出嚴峻的挑戰。

無論從哪一種合理的測量方式來看，卓越教師對學生之期待絕對「超越」一般的要求；但是我們也發現，許多成效不彰的老師確實用繁重的課業來壓迫學生。對於後者而言，要求學生做愈多事情，就會導致愈低的學生評價；但事實上，也很可能造成了**愈差的學習效果**，因爲學習者不堪其擾，完全失去了興趣。由此推演，似乎容易讓人相信上述流言的可靠（無論是新人或老手皆然），不過這中間遺漏了許多關鍵性的重點。爲什麼有些老師可以對學生的期盼很多，卻依然獲致令人滿意的成果？但某些人卻因爲自己認定的「高」標準，而造就了慘不忍睹的狀況？卓越教師的期盼「更多」，是否在本質上有著什麼特殊的意義？高成就教師處理指定作業的方式是否不同，或者具備何種特質能夠解釋成果上的差異？

我們發現，這當中存在一只由許多信念、概念、態度與實務操作交織而成的複雜網狀物，共同促成卓越教師及其學生的傑出成就。網中的每一條分支都與其他縷線息息相關；倘若片段視之，皆顯得膚淺無用。要充分理解卓越教學之眞義，除了探究個別分支以外，也必須明瞭分支與分支間的相互依存與滋長。在此，先從卓越教師內心秉持之系列態度與傾向談起。

首先，最成功的老師傾向於尋找並欣賞每一位學生的個別價值。相較於切割勝利者／失敗者、天才／庸才、好學生／壞學生的做法，他們極力探尋任何一名學生所具備的個別才能。來自德州的卓越戲劇教授保羅．貝克，不只一次地陳述：「所有學生都是獨特的，他們能夠提出的貢獻皆無法取代。」

第二，他們對於學生的成就能力抱持高度的信心（這點與刻板印象之研究直接相關）。史帝爾的研究報告可以幫助我們理解，長期受到負面刻板印象傷害的對象，往往必須承受旁人無法想像的額外壓力。女性在某些特定學科，以及非裔美國學生和其他少數族裔在所有學術上的奮鬥過程中，都不可避免地遭遇白人男人多半不曾體驗之沈重負擔。毫無疑問地，這是史帝爾研究報告的核心訊息。不過，另外還有些比較支微性的探索，同樣印證了卓越教師在訪談過程中透露之重要論述：學生會被正面性的期盼所激勵——只要這種期盼是發自內心的，既眞實又具挑戰性，而且老師看待學生作品的態度是非常認眞的。

幾年前，史帝爾的同事傑弗利．寇恩（Geoffrey Cohen）進行了一項實驗，相當程度地反應出上述論點。他要史丹佛的高材生（包括黑人和白人）撰寫一篇文章，描述心目中最喜愛的老師，並告知有可能會刊登在某期刊上。他希望知道哪一種回饋意見最具激勵性，所以要求他們幾天後就把初稿交出，然後給予一些回應。交稿時，他爲每一位學生拍攝快照，然後將相片訂在文章的首頁，暗示學生閱文者會知道他們的種族背景。

當回饋意見交予學生之際，寇恩嘗試了三種不同的策略。第一種方法，只是很簡單地描述文章的缺陷；第二種方法，則是在任何批評之前，先做一些讚美。他發現這兩種方式產生的效果完全一致，有些同學回家後願意修改，有些同學則渾然不理；而且不管採取哪種方法，重新繳交作品的同學大致相同，比例上也沒有任何改變。大抵而言，兩種策略都無法有效激發黑人學生修改作品的意願，而白人學生則大多願意配合。

寇恩的推論是：刻板印象的威嚇力量導致大部分的黑人學生認爲，閱文者之評語紮根於非裔美國人寫不出好文章的偏見。在此同時，歐裔美國人則比較能夠中性看待評論者之建言。爲了證實這樣的論述，他必須設法消弭鴻溝，讓黑人學生也可以信賴評論者的意見。於是，他採取另一種方式，明確告訴學生：期刊固然有嚴苛的篩選標準，但只要稍作修正，便能達到標準。這種策略，正如史帝爾所言：「融合了高標準的考驗及成功可能性的確保——對於弱勢族群而言，就好像焦乾土地上的水，迫切需要但尚不足以療傷。」老師清楚地指明，作品會受到高標準的檢驗但不受負面刻板印象的影響，而且老師深具信心，學生確實能夠達到標準。靠著第三種的指導策略，黑人學生拿回他們的文章，依照建言修改，重新繳交，果眞出現了比先前更好的作品。⑤

事實上，最好的老師對於所有學生都採行上述的第三種方法：設定高標，並堅信學生有能力達成目標。然而，這種信賴不能單獨看待，必須將之置於刻板印象研究闡述的脈絡底下。卓越教師深知焦慮與畏懼會減緩思考的能力，於是他們試圖助長智識上的刺激與好奇，而非讓學生擔憂懷疑是不是會有好成績。這方面的努力表現在各種行徑，其中包括評鑑學生的方式，有待最後一章詳細說明。當某些人強調課業份量的大小時，這些特優教師著眼於如何開發學生成就傑出藝術作品或學術事業的能力，縝密細心的推理，複雜概念與難題的掌握，證據的蒐集和運用，實際問題的解決，以及仿效該領域之成功學者、實務專家或藝術家在課堂以外的操作模式。對於他們而言，所謂期盼「更多」的意義，不是那些只會出現在學校的課業要求，而是專業上最高的智識、藝術與道德標準。「我想要知道，」一名學生告訴我們：「這份作業對我個人及學識上到底有怎樣的助益，而不是只爲了應付學校或成績。」

對學生的信賴，也同時表現在權力之下放。我們研究的教育工作者，往往邀請學生追逐遠大的目標，並且允諾將竭盡所能助其實現目標；但是，卻也留給學習者掌控自我教育的機會，避免「命令軍隊打一場艱困戰役」的感覺。因此，期盼「更多」的意義，其實更像是對學生的許諾（「這將是你在這堂課能夠學習到的東西或成就的目標」）。有時候，老師似乎無法想像學生沒有能力從事最高階層的思考或行爲，但他們也同時不願意逼迫學生如此行事。「你所帶入課堂的就是你自己和你想要參與的慾望，」保羅・貝克常常告訴學生：「而你在課堂成就的一切，終究取決於此。」⑥

卓越教師使用之課程說明與綱要，在在顯示信賴和拒絕權威的特質，當中設定之標準反應出眞實的目標，而非單純的課業要求。這類「充滿前景的課程綱要」，主要包括三個部份。首先，列舉該門課程提供給學生之許諾或契機。它能幫助學生解答什麼樣的問題？培養出怎樣的智識、肢體、情感或社交能力？這部份就像是一場盛宴的邀請，由學生來決定是否接受。第二，說明學生該做些什麼才能實現許諾（比較正式的說法，就是課程要求），文字間盡量避免命令式的口吻，並且再一次地給予學生操控自我教育的感覺。第三，概述老師與學生將如何理解學習進展之本質。這遠遠超越了評分政策的說明

——它代表著一種對話的開始，由老師和學生共同探索學習進程的理解，透過互動隨時調整，最後再做整體性的學習評量。由於學生在課程一開始便拿到這份綱要說明，其影響力明顯可見——無論在高標之設定或實踐目標之激勵皆然。

最後，彼此的信賴之所以能夠建立，主要是因為一切要求並非遙不可及。課程之期盼固然顯得雄心勃勃，卻也出乎眞誠，任何人都有可能做到；這當中需要一種精緻的理解，探知任何會影響學生表現的個人與社會力量。我們發現，傑出教授總是花費很大的心力去了解學生的學習狀況，非常細膩地解析其作品，廣泛思索不同對象能夠學習到什麼東西以及學習的方式如何，甚至還針對個別學生的需要、興趣和目前之能力，設計不同的作業內容。即使教授的班級龐大，不可能認識所有學生，他們也會針對組成份子，設法拼湊出大抵的綜合圖像，了解班上同學的基本型態。

這裡有個關鍵性的重點：卓越教師能夠有效地解析學生狀況，相當程度肇因於其對影響學業成就之外在力量的深度理解。我們訪談的傑出教授，大半不熟悉克勞德・史帝爾的研究報告（雖然許多人在訪談之後也開始涉獵），但是由其言詞當中很淸楚知道，他們並不認爲「天賦智能」主導了學校課業表現的優劣，如果採用傳統上對特優學生的測試方法，有時候會埋沒一些深具潛力者。當然，一般人或許會不以爲然。舉例來說，當我們把寇恩的故事講述給其他老師聽，許多人都抱持類似的論調：「如果你教授的對象都像那些史丹佛的白人學生，那麼無論怎麼教都無所謂。」對他們而言，優良教學的祕密其實就只是尋找優秀的學習者罷了。

然而，卓越教師的分析方式卻完全不同：大部分的史丹佛學生能夠在課業上表現突出，其實是環境制約的結果，包括他們在社會上的優渥地位，以及先前就讀的學校競爭激烈、要求嚴格等等。再者，這些得天獨厚的社會寵兒，很少遭受刻板印象的威嚇，不會對外在的有用建言產生疑慮。許多人長久以來的學校生活，都活在別人的高度期待之中，對自我能力顯得信心十足。「對於寇恩實驗中的白人學生而言，接獲何種回饋意見如果眞的無關緊要，」一名教授論述：「那也只是因爲他們早已在內心保留了豐沛的信心泉源。過去的外在因素，有助於形塑他們的成功。事實上，教師現階段所開創的學習環境還是可以有很大的影響力——無論是對處境相對艱困的同學產生激勵作用，或者爲既得利益者的平坦道路增添荆棘。」

認知外在因素的影響力，並且理解這些力量是如何運作的，卓越教師由此領悟該如何對學生期盼更多，並進而達成期盼。大體而言，他們尋覓的是未經琢磨的鑽石，認眞看待所有學生，並給予同等的尊重。提供建議時，他們會以全然眞誠的態度——這種誠意來自於對學習過程的認知，以及深入了解學生狀況的勤勉精神——讓學生相信，批評性的建言並不是想要評斷任何人的心靈，或做爲一個人的價値。任何意見都本著最高層次的科學、學術或藝術標準，其目的絕非看輕學生，而是相信學生能夠從中受益。一般老師或許只想教到傳統觀念中最閃亮的明星，有些人甚至還會以輕蔑性的口吻談論出身背景不同的學生（我們遇到一位院長，談起中國學生的學術價値與智識能力時，對其濃厚的「外國腔」顯得非常瞧不起；還有名新英格蘭教育出身的英文教授，埋怨學生無法受教，只因爲他們說話帶著南方的腔調）；但是最傑出的教授，內心總深藏一種開闊的特質，非常堅定地相信學生的能力。這種信念與視野，正主導其實務表現。

上述所言，並不表示我們研究的卓越教師認爲所有學生都能做任何事情。醫學、表演或某特定領域以外的世界，或許確實比較適合哪些人；若眞是如此，他們自然不吝告知。只是在提出建言時，一定帶著關切之情與謙卑的態度，並且深切明瞭社會偏見很容易爲理性結論蒙上陰影。「關於誰適合待在學校的想法，」一名教授告訴我們：「往往立基於階級、地方或甚至語言上的偏見——就更別說種族了。每當我在評斷學生是否適合在該領域繼續前進時——打成績或提供諮詢的舉動，都不免夾帶評斷的意涵——我都要小心提防任何干擾性的雜音，確切把握意見之決定乃出自合理的資料與推論。因此，我必須費心思索該採用何種型態的考試、考試結果該如何詮釋，以及還有什麼因素該納入成績的考量。」

當學生課業上遭遇困難，最傑出的教授總先檢視自己的授課是否出了問題，而非把責任歸咎於學生的怠惰或智力。他們會問自己：到底期待學生對課程做出怎樣的反應？如何把握同學已經感興趣的部份，繼續發揮？如何幫助學生克服動機和理解上的困難？老師小心翼翼地根據學生的學習狀況，設計可以解決的問題，並爲學生建構系統化的方式來處理這些問題。「我總花時間設想，學生會在什麼地方遭遇最大的理解困難，」賓州一名成功的英文教授蘇海爾・漢納這樣告訴我們。「我想要知道，對他們而言什麼是陌生的、什麼是熟識的，然後再努力將二者有效地結合。」

以上所言，到底代表了什麼樣特別的實務操作？難道它的意思是，卓越教師盡量避免冗長的考試，因爲考試太主觀了，又跟課程的關係太緊密，無法有效反應現實生活的運作方式？對某些人而言，確實如此，但也並非所有傑出教授都採用相同的模式。有些老師推動在家測驗的方法，有些老師進行課堂測驗，但沒有時間上的限制。對於報告的繳交期限，大部分教授都不依傳統下達嚴格的規定，不過也有些卓越教師訂定了時限（特別是針對期末報告）。「我讓學生掌控自己的生活，」一名教授這樣表示。「拖延報告，只會耽誤到生活中的其他部份。他們必須學會對自己負責。」

然而，教學的魔力並不取決於任何單一的實務操作。底下這個簡單而重要的觀念，是再怎麼強調也不爲過：理解卓越教學的關鍵，不在於個別實務或規則，而在老師的**態度**，對學生成就能力的**信心**，**願意**認眞看待每一個學生，並讓他們掌控自我教育，同時堅定信念，一切政策與實務由終極的學習目標主導，並立基於師生間的相互尊重與**許諾**。

「她在第一天上課時就鄭重宣示，」一名學生重複述說：「選擇權落在我們手上。沒有人用槍強迫我們接受教育……我們知道，她只是想幫助而非控制我們，這讓我們非常有信心自己可以做得很好。」

「我曾經遇過一位老師，」另一名學生提出相反的例子：「自以爲是學術界的奇葩……覺得對學生要求嚴格理所當然，但實際的做法不過完全在侮辱學生罷了。有位學生問起該如何改善論文，她的回答竟然是：『別妄想寫出更好的報告，你沒那麼聰明。』這怎麼對呢？」學生論道：「我遇到最好的老師，總會讓你肯定自己和自己的能力。」

保羅・貝克常常告訴學生：「課程的主要目的，是在引導具有創造力的同學，讓他們對自己充滿信心。我們並不會逼迫你走入某種框架；相反地，是要你逃離既定的模式。」

⑦

范德比爾大學的古典文學教授蘇珊・維特歇爾（Susan Wiltshire），常用一個感性的比喻來說明。她的課，就像一場費心準備的饗宴，她只希望學生能夠接受邀請，前來享用。其他老師或許習慣以士官長的姿態面對學生，或者像是要跟學生決鬥一般，但是我們訪談的卓越教師，卻爲每一堂課提供了美味的比司吉和玉蜀黍。

## 對成績低落的學生期盼更多

西北大學主修生物科學的學生，大二時必須修習一門爲期一年的基礎課程，爲日後深造做準備。要想進入相關科系的研究所或醫學院，這門課絕對是必經之路；多年來，它以要求嚴格、課業繁重聞名，有時候眞的叫人筋疲力竭。班上的平均成績向來比修課學生GPA的加總低上許多（至少有半個字母的差距），而教授們卻經常以此爲傲。每學期都有超過三百人登記上課，一星期三次，在一間大禮堂聆聽好幾位科學家談論各種主題。除此之外，每星期都還有輔助的實驗課程。

一九九〇年初期，當賴利・蘋托（Larry Pinto）開始講授這門課程時，他和他的同事觀察到一個令人擔憂的現象。很少有原住民、非裔或西班牙裔的美國學生，在這門課拿到C以上的成績；事實上，大部分都根本不及格。如果檢視這些同學的學業記錄，無論從入學性向測驗（SAT）、高中成績或其他相關資料來看，都沒有理由對其能力產生懷疑。西北大學向來採取嚴格的入學標準，他們也都達到了要求，但卻有這麼多人在初等生物學（B10）上栽跟斗。在此同時，蘋托也發現，這種非裔美國人和其他學生之間的明顯差異，同樣出現在許多入學要求嚴格的其他大學。

蘋托深知數據所帶來的意涵。「我希望實驗室看起來像是社會的縮影，」他說：「但是如果有某一部份的族群，全都遭遇了無法跨越的障礙，那麼願望就不能實現。」由於這門課是踏入醫學院的門檻，鴻溝之存在代表著只有非常少的少數族裔可以成爲醫生。蘋托及其同事拒絕爲此現象賦予種族性的解釋，於是開始尋找其他答案。最後，他們涉獵了史帝爾的作品，並效尤數學家烏利・特萊斯門（Uri Treisman）的觀念與做法——他在加州大學柏克萊分校和德州大學奧斯汀分校設計了非常成功的課程計畫。特萊斯門教授微積分時，在非裔美國學生身上發現類似的狀況，爲了消弭族群間的差異，他邀請少數族裔的學生進入榮譽性的討論教室，而非施予補救教學。史帝爾的理論與研究，顯然支持此種跟直覺相違背的做法。如果這些學生是因爲刻板印象的傷害才表現低劣——看起來確實如此——那麼補救性的教學只會讓情況更加惡化，在學生心中加深了社會認定他們不能順利通過正規課程之考驗的負面印象。然而，榮譽教室的邀請卻有相反的效果，傳達了老師的信心，認爲他們可以成功達成最高的標準。蘋托等生物學家對此計畫深表贊同，很快就著手設計符合自己需求之「特萊斯門類型」的課程，不過中間做了一些重要的改變。

一九九七年秋季，他們邀請生物B10課的所有學生——自然包括少數族裔——參與概念性的進階討論教室。蘋托特別針對過去表現較差的少數族裔學生，告訴他們老師對其從事進階思考之能力抱持高度的信心。如果他們願意參加討論教室，一個星期將碰面一次，五到七人一組，處理生物學上概念性很強的進階課題。特萊斯門的榮譽教室是找研究生來帶領討論，不過西北大學的這些生物學家，雖然系上也有一些研究生，但是他們卻刻意精選幾位先前修過此門課的大學生來做引導。挑選的對象是，修習成果優異，而且具備「高強人群技巧」者。他們並要求教學輔導中心訓練這些引導員，學習促進研討的技巧（「多提問題，而非一味解釋」）。

接下來的兩年，這些生物學家進行了一場控制性的實驗。他們只允許志願者中的一半，進入安排的課程計畫。實驗是由該校正在撰寫博士論文的心理系研究生溫蒂・波恩（Wendi Born）所主導，她將參與計畫的學生和被排除在外者配對觀察，記錄兩組課業進展的情形。討論教室中的每一個小組，也都盡量仿照社會的族群分布情形，至少都會有一、兩位少數族裔參雜其內。⑧

計畫中的學生除了應付其他同學都必須面對的課業之外，每星期還要挪出兩個小時參加志願性的討論課程，思考當周指定的問題，設法通曉相關概念及其意涵與應用。蘋托不定期地與引導員會面，有時邀請他們到家裡用餐，詢問課程計畫的進展情形。由學生指導學生，在心智程度相仿的社群中，合力解決實際而複雜的問題。有時候，引導員會帶些食物來討論教室，希望營造比較輕鬆的同志氣氛。計畫中所要求的思考層級要比傳統課程來得高，不過同樣讓學生操控了自我的教育。主事者以非常積極的態度招募學生，但也同時傳遞了強烈的訊息，老師對其能力與判斷是相當信賴的。

就結果而論，計畫中的所有學生，不管出身何種族群，都展現了令人驚喜的成果。每個參與者的考試成績突飛猛進，種族之間的差異也全然消失。他們的表現，明顯勝過計畫之外的對照組。再者，相較於班上其他同學，討論教室中的成員——無論是扮演引導者或學習者的角色——對生物科學表達了更高度的興趣。並且，他們在生物學花費的時間，加總起來竟然比未參與實驗的同學來得少，可見單單以「用功時間」的多寡不足以解釋課業上的進步。或許最讓人印象深刻的是，這種進步年年都保持下去。隔年，蘋托及其同僚重複了實驗，只是成員數量更加龐大，結果依然相同。經歷兩年的控制性實驗，他們決定把計畫開放給班上的所有學生。雖然不再有對照組可以觀察，他們還是可以把參與者的表現，拿來與不願加入計畫的同學相比，或者參照歷史記錄，看看從前擁有相似背景的學生表現如何。不管怎麼比較，肯定性的結果都沒有改變。

# 關於學習的基本想法

到目前爲止，我們談論到的卓越品質與實務操作——肯定學生的個別價值、信賴學生的成就能力，專注於學習成果的展現、下放權力、爲學生創造進步的契機，以及對外在因素影響力的認知——其實都奠基於更根本的觀念，也就是對學習本質與意義的基本想法。簡單來說，卓越教師相信學習過程包含了人格和智識上的發展，而且無論是思考能力或成熟人格的特質，都絕非根深蒂固，無法成長。人是可以改變的，而這些改變——不單是資訊的累積——就代表了眞正的學習。由此衍生出來的信念，最足以顯現高效能教師與其他教育工作者的極大差別。

爲了更充分了解這些觀念，並將其與傳統想法相對比，讓我們先回到第二章討論的話題。如前所述，許多成效不彰的教師往往把記憶視作一種儲存單位，而所謂的智能其實就是使用記憶庫資訊的能力。在他們心中，有些人的記憶庫比較大，而且又擁有超強的力量讀取並使用其中的內容；有些人則不具備這些條件。他們相信，幾乎沒有什麼方法可以擴展記憶或改善智能，因此也對教師的責任看得相當侷限。對某些人而言，這種想法所引申的意義是：「別擋住優秀學生的路，他們能夠自我學習。」對於更多人而言，它代表的意涵則是：只要爲優秀學生提供必要的資訊就夠了。

卓越教師抱持了截然不同的智力觀點，並且在教學實務上審愼考量它所衍伸出來的意涵。如果你相信（正如我們研究對象秉持之信念）人的認知是爲現實世界建構模式，而非單純地儲存或「吸收」知識，那麼你就比較容易追問建構的過程是如何產生的，以及該如何進行修正。你接著會問，人們是如何運用這些模式及其組成要素去做決定、去做推理，又如何能夠發展更好的方法從事這些工作。專注的焦點不再是資訊的記憶本身，而是領悟到當理解和活用推理的能力增加，記憶效果自然增強。從這個角度出發，你開始探詢心靈模式及其運用的過程，是如何形塑人們的思考、行爲和感受，以及現實世界之模型、推理能力、情感和行爲之間是否相互影響，如果答案是肯定的，又是如何相互影響的。你甚至會進一步追問，人們如何運用、掌控或甚至改變自我情緒、態度和價值，以及心靈習慣是如何影響理解能力的、如何帶著同情與尊嚴實際應用內心之理解。

嶄新的教育形態由此而生，學習者不再只是累積資訊，必須經歷非常深層的轉變，而這種轉變會影響到一個人的心靈習慣，以及持續成長的能力。「你所學習的每一件事情，」洛夫．林恩經常述說：「造就了你是誰，以及你能夠做些什麼。」因此，卓越教師對於接受教育的意義開展出非常豐富的觀念，而這些想法又密切結合了他們對人類學習、成長和轉變能力的信念。嶄新的信念與想法，爲學生許諾了高成就的願景，並進而深深影響學生的行爲。同時，它們也爲教授提供關於學習本質的理解，在什麼條件之下，學習比較容易開花結果。這方面的理解，讓教授思索出最好的學習環境，形塑、修正並決定教學上的每一個環節，以開創性的態度有效回應所有問題。由於上述方法主要在幫助學生成就目標，學生自然而然會對老師產生信賴，而信賴本身又形成一股成長的力量。最後，沒有一項因素可以單獨看待，它們環環相扣、共生共長。

這種運作型態，最能從智識及人格發展之提升過程中顯現出來。

## 智識發展

許多傑出教授把課程看作是幫助學生學習推理的方式，讓學生能夠與推理能力高強者產生對話。兩個核心議題因之而生：爲了有效回答學科上的專業問題，學生必須具備和發展什麼樣的推理能力？老師該如何引導適切的心靈習慣，讓學生能夠妥善運用習得之智識技巧？

對於第一個問題，無法給予綜合性的答覆，因爲並非所有學科都強調相同的推理技能；不過，從訪談的過程當中，我們還是可以發現一些寬廣的型態。華盛頓大學（University of Washington）的物理學家阿諾・亞倫斯（Arnold Arons）列舉了一組推理要點，跟卓越教師描述的內容十分相仿。亞倫斯認爲，所謂批判性的思考至少必須包含十項推理能力和思想習慣：

一、研讀資料或探索問題時，有意識地提出下列問題：「我們知道什麼……？我們如何知道……？我們爲什麼接受或相信……？對……的證據何在？」

二、清楚明白地注意現有資訊的不足。能夠發現什麼樣的結論或決定是立基於不完全的資訊，以及應該容忍怎樣的含混與不確定性。當一個人不檢視「我們如何知道……？我們爲什麼相信……？」之類的問題，單憑信仰而相信時，我們要能夠辨識出來。

三、區分觀察與推論、確認之事實與後續推測的差別。

四、明瞭文字乃觀念之符號，而非觀念本身。學習新觀念時，必須使用先前就已定義好的語彙，立基於共享之經驗，避免專技術語的誤導。

五、在推理過程中，細心探究背後的假設（特別是隱而不見、未直接說明的假設）。

六、從資料、觀察或其他證據出發，展開推理；知道什麼時候，堅實之推理無法形成。這中間包含了許多過程：初等的邏輯推論（例如：處理基本的條件語句「若……則……」）、統計相關性的推理，以及相關變因是否已經控制好等等。

七、進行假設性的演繹推理（hypothetico-deductive reasoning）；也就是，在既定的情況下，應用相關的知識原則與條件，想像該系統中可能出現的各種變化，據此抽象地推論出合理的結果。

八、區別歸納與演繹推理；也就是說，分清楚什麼時候論證是由個別案例推向普遍原則，什麼時候是由普遍原則推向個別案例。

九、檢驗自己的推理過程與結論，是否符合內在的一致性，進而發展智識上的自我獨立。

十、對自己的思考與推理培養自我意識。⑨

當我們把這份清單拿給各領域的教授分享時，得到的回應總是一致性的贊同。事先不認識亞倫斯的老師，甚至斬釘截鐵地表示，這名作者必定出身相同的領域。無論詢問的對象是否納入我們的研究計畫，答案都非常相似;不過這中間，還是有點差別。最明顯的差異是，我們的研究對象更常認出這些批判思考的能力，與其課程之主要學習目標雷同。就算不全然接受清單內容，他們也會有一套自己的推理系統。再者，這些卓越教授不認爲「事實」的認知與推理的學習之間，存在清楚而合理的界限。因此，他們在傳授所謂「事實」時，會融合問答性的解釋方法，而不只是單純的敍述，把推理層面的東西排除在外（彷若將事實灌入學生腦袋般）。

至於第二個問題的解答，關鍵自然在實際操演。設計迷人的問題，提供思考上的挑戰，讓學生有充分的機會運用其推理能力。老師要同學想想課堂學習之推理方式所帶來的意涵，關於自己，關於看待世界的方法，關於如何思索政策辯論、意義深遠的哲學問題、或甚至道德或宗教議題。把講授之課程看成是一扇窗戶，由此可以探視該學科所提出的問題；怎樣的資訊、探索和推理技巧有助於解決這些問題；應該採用何種智識標準來檢驗可能的答案，權衡相衝突之攸關「眞理」的聲言。幫助學生使用這些標準來評估自己的作品，明瞭該如何在學科內從事思考，並且拿其他學科獲致結論的方法做比較。隨時詢問學生，從事推理時採用了怎樣的假設、概念和證據。

哲學教授肯恩．席斯金（Ken Seeskin）經常要求學生跟重要的哲學議題奮戰。他試圖「說服學生，這些議題依舊值得探索，相關理論不只是古代遺留下來的記錄，而且是現代人依然想要擁護的立場。」他把不同觀點的思想家、敵對立場的作者拿來配對比較，製造激烈的論辯。藉此，「迫使學生不只學習到思想的內涵，也非得在哲學家之間做出選擇」——柏拉圖或亞里斯多德、安瑟姆（Anselm）或亞奎納（Aquinas，即聖多瑪斯）、康德或彌爾。「如果偉大的思想家能夠感受進行論戰與駁斥對手的喜悅，」席斯金下了個結語：「爲什麼不也讓學生品嚐相同的滋味呢？」在他的觀念裡面，「有主張才會產生爭議，有爭議才會引發興趣。」⑩

席斯金和其他特優教師，無論在課堂討論或報告習作上，經常要求學生採取某種立場並爲之辯護。不過，他們不會只下達嚴謹推論的指示，然後就放羊吃草，等著驗收成果；相反地，他們隨時提供建設性的協助和評論，讓學生有充分的機會練習哲學推理，接收回饋意見，之後才給予成績上的評量。這表示，當學生還在青澀的學習階段時，就要允許他們發表看法。「有些教授認爲學生知道的太少，所以不喜歡聽他們對議題高談闊論，」一名學生如此解釋。「但是，我總聯想到鋼琴老師的教學，絕對不會因爲學生還不知道怎麼彈奏莫札特，就要他們離開鍵盤。談錯幾個音是理所當然的，老師不會因此把學生推離座椅，拒絕他們再彈，直到他們自己想辦法變得更好爲止。」

高效能教師除了必須愼選討論的問題與議題之外，對於指定讀物更是費心的安排。學生必須採取怎樣的分析方式來閱讀，以及該如何循序漸進地引導學生建構技巧：先從簡易的著手，再處理較困難者。一開始的閱讀資料大多深具啓發性；老師不是只把書單列舉出來，而是用問題的方式做引導，讓學生把指定讀物當做是探索問題的資源，供課堂討論之所需。他們並不直接講解讀物內容，而是開放給學生思索議題，採取立場，透過閱讀所得提出論證，解決問題。在課堂上，最成功的老師會盡量避免提出一般盛行的籠統問題：「有誰可以告訴我，這篇文章在講些什麼呢？」

最後，卓越的教育工作者會教導學生如何閱讀資料。洛夫・林恩發展出一套寬廣的法則，告訴學生檢視和分析書籍的技巧；其他老師則一步一步指導學生如何抓取書中的論證；區分證據與結論；認清證據的型態（例如：是推論或觀察所得）；明瞭意見之異同有可能來自信念，也有可能來自態度；針對各種形式的證據與爭論，知道該追問什麼樣的問題；以及有效掌握假設，探索結論引申之意涵。「中小學階段，學生並未學習到如何閱讀學術性的文章，」一名教授告訴我們：「但是進入大學之後，卻很少接獲實質上的閱讀訓練。」

## 人格發展

長久以來，珍娜特・諾丹一直盡心幫助醫學院的學生獲取臨床推理的特殊技巧。學生因此吸收了豐富的知識，並懂得如何利用資訊做實際上的診斷。在考試中，她以眞實案例爲本，要學生回答與臨床相關的問題，確切反映出將來成爲醫生時所需要的思考歷程。舉例而言，除了關於事實性的題目之外，她還會問：「最可能的兩個假設是什麼？你爲什麼認爲是如此？」期末測驗佔總成績很大的一部份，但是之前就有許多次的小考，每一回涵蓋層面都很廣，讓學生有很多機會從錯誤中學習。

然而，到了一九九〇年初，她開始反省這種教育雖然必要，但仍不夠充分；因爲她發現，許多學生成爲醫師之後，遭遇了一些心理困難，無法妥善面對死亡，以及病人與家屬的情緒反應。他們常常忽略，存活的家屬也需要關切；或者該說，他們不知道如何適切地表達內心的同情。爲數衆多的醫生，因爲周邊的死亡與瀕死經驗不斷累積，內心不知如何處理，最後退縮到冰冷的疏離態度。接觸之對象在其眼中變成是「顯現病徵者」，而非承受痛苦與畏懼、惡夢連連的人。諾丹注意到，愈來愈多的醫學院學生、住院醫師以及年輕的開業醫師，爲了逃避職業上所帶來的殘酷現實，開始使用藥物或甚至自殺，責備自己無法救治眼前的死亡。

諾丹知道，她無法教導學生要有同理心，但是可以幫助他們表達同情，學習如何面對自身的恐懼與苦惱，以及如何帶著關切和尊嚴協助他人。她相信，學生原本就是帶著不忍之心才進入醫學院；他們所欠缺的，是如何妥善處理自己的情緒，知道如何以及何時把關懷的心意傳遞出去，傳遞的對象包括病人及其家屬。當他們竭力探索人類身體的機能與科學時，偶爾也需要停下脚步想想，躺在病床上的患者不只是難纏的案例，而是活生生帶著恐懼、焦慮、未酬之壯志，身旁有親朋好友、摯愛對象的人。醫師必須面對人類的脆弱，明瞭每個人終究會邁向死亡，就連自己也不例外；專業上，他們既需要施予細心優質的醫療，同時也該幫助患者及其家屬，以平靜而尊嚴的心面對無法避免的現實。

為了應付這些挑戰，諾丹修習一些悲傷諮詢的課程，並在班上排入「人性時光」。一開始，她給每位學生三張卡片，要求他們分別寫下自己的渴望、所愛之人的姓名，以及內心讚賞的才華。然後把卡片蓋著，放在桌上。此時，諾丹在教授四處走動，隨意取走幾張卡片，丟到垃圾桶裡；藉由這樣的舉動，告訴學生：病患所面對的殘酷事實，經常就是——一切才華、雄心壯志和所愛之人，永永遠遠地消失。⑪有時候，她也會邀請幾位失去親人的家屬，共同探討親人生病時，醫生的對待方式。這些家屬帶著相片、家庭錄影帶和其他紀念物品來班上，分享個人經驗，描述那段極度沈重的日子裡，醫界是如何與他們交往的。

為了在神經解剖學的課程中，挪出一點時間給人性發展的訓練，諾丹把部份講演內容刪除，要求學生多一點課外閱讀。然而，教材的縮減並未降低學習成果。他們依然信心滿滿地參加國家委員會的考試，對於神經學的問題駕輕就熟；大三時的臨床實習，也持續交出漂亮的成績單。諾丹給予之以實際案例爲本的課堂考試，跟從前一樣艱困，從記憶、理解和應用，到分析、綜合與評估，什麼層面都涵蓋進去；很多學生都表示，這是醫學院裡展現最大智識挑戰的測驗。人性教育之融入，並不會影響學生專業上的學習——關於腦部的結構和運作、傷害腦部的疾病、以及適切的醫療處理等等——反倒能引導學生在更豐富的脈絡底下理解與記憶，並激發更強烈的動機探究知識。

兼顧人性與智識教育的智慧，並非諾丹一人所獨備。愈來愈多的醫學院，開始融入雙方面的訓練。在一般的大學層級，我們也發現許多科學家和人文學者，要求學生面對正義問題，感受宇宙間神奇的力量，在應用科學方法評斷事物之際，也同時進行道德層面的考量。我們的研究對象，有很多都相當關注人格發展的教育，希望學生想想做爲一個人的意義何在，幫助他們學習展現同情的能力，明瞭感情力量在學生生活中扮演的重要角色，並且經常詢問最能撼動人心的道德性問題：「若是你的話，你會怎麼做？」

珍娜特・諾丹認爲，每一門學科都能找到適切的方式，「讓學生面對自己生爲人類之價值和意義的問題。」比方說，在南美洲的歷史課程，老師就可以從巴西和阿根廷軍權政府下的「失蹤」現象出發，「要同學想想，人類在面對專制政權時所應擔負之責任，以及他們在類似的情況下，會採取怎樣的做法。」許多歷史學家相信，巴西教士公開譴責綁架行爲，有效減緩了失蹤的數目。「那是一個非常好的機會，」諾丹指出：「詢問學生對勇敢站出來反對壓迫者的想法；如果換做是自己，是否願意表現相同的行爲。」在天文學的課程裡，教授「可以利用約翰・貝羅（John Barrow）之名言：『我們體內的所有碳原子都源自於外空星球』，來引發學生的討論，談談自己身爲宇宙一份子的感受。」

西北大學戲劇系的安・伍德渥斯教授及其同僚，把表演課程視作人類本質之研究，而非單純地學習台詞和舞台上的演練。他們採取「大師講座」（master-class）的方式進行教學，此一進路已經廣泛盛行於各種領域（包括數學和法律）。在基礎課程裡，老師設計序列性的探索方法，幫助學生在說出任何一句台詞之前，先仔細檢視自身、文化、旁人、冥想活動、性格、情緒、韻律、態度和動機。序列中的每一個環節，都希望激發學生某一種特別的發展，而不僅是成就個別的表演。課堂裡，如果伍德渥斯發現某位學生的表演習作審慎細緻，前後呼應，而且絲毫不落俗套，她就會對之給予格外細膩的觀察。

待表演結束，她會說：「讓我們看看，有什麼地方可以改進。」然後，便在衆目睽睽之下（大師講座的指導方式），與這名學生展開對話。過程中，夾雜了蘇格拉底式的詢問，以及非常精微的建議。「讓我們再練習一次，只是這回，我希望你想想……」她通常會做這樣的提示；或者，經過一段時間的專注思索，她會問學生一個問題，試圖啓發其想像力，探索屬於自己的經驗。有時候，她會轉向班上其他同學，讓他們發表評論並提出問題，以從容而安靜的方式認眞看待每一個學生。因爲她很淸楚自己的藝術技能，因爲她和她的同事已經費心思索學生邁入表演事業所必須開展之能力，以及該如何培養那些能力的序列步驟，也因爲他們非常仔細地設想，學生在成就優質表演的過程當中，最有可能在哪裡犯什麼樣的錯誤；所以，她可以有效地引導學生展現精湛的表演，發展理解自我的能力，知道該如何進昇更高的境界，明瞭做爲一個人的價值和意義。諾丹教學之成功，絲毫不帶任何評斷性和強迫性的色彩。「你就是必須想要這樣做，」她會說：「願意花時間發展自己的特性。不過，選擇權還是在你手上。」這是我們一再聽到的訊息。

伍德渥斯在日間部指導的學生，個個天賦異稟，許多人甚至都已經跟經紀人簽下合約。爲數不少的畢業生，後來在劇場、電視或電影界成爲耀眼的明星。一般而言，要進入西北大學，必須通過嚴苛的篩選標準；之後，還必須證明自己確實有材有料，才能繼續待在系上。夜間部就不同了，任何人都可以註冊選課。班上成員爲來自各路的英雄好漢，從年長的教授、工匠到退休的會計師、系助理等等。他們通常不具備太多的表演經驗，而且很少有機會在這個圈子繼續發展。當許多日間部的學生在百老匯或好萊塢造就成功的事業時，大部分的夜間學生根本無法想像這種生活。儘管如此，伍德渥斯還是同等認眞地看待每一個夜間部的學生。無論是個別性或小組性的指導，以及每一次的表演練習，她都注入相同的心血與活力。無時無刻不設法激發學生的潛能，像魔術般把任何人的表演提升至更高的境界。但是除此之外，她還引導學生透視人類行爲之眞義，這對學生看待自己及他人的方式產生了持續性的影響。

我們探訪的卓越教師都認爲，學習不僅表現在考試成績的優異，更重要的是，走出課堂之外，學生是如何評估自己的想法和做法。他們強調，如果無法反映深層之理解，寫出「正確」答案的能力並不具太大意義。成效卓著的加州大學數學系教授唐・薩利就一再表示，重要的是如何批判性地思考微積分問題，而不是培養「塡嵌式」的能力，套用公式尋得解答。最優秀的老師總希望挑戰學生嘗試不同的思考，設計能夠凸顯學生既存觀念之偏差的問題，引導學生進入智識上的困境，迫使他們質疑並重建內心的概念。他們強調，學生必須深入思索重要的觀念與想法，試著從不同角度看待它們，並進而建構屬於自己的理解。

他們相信，學生不大可能從事任何有意義的學習，也不大可能徹底檢視自己的思維模式，除非⑴他們對於思索之議題抱持深度的關心——程度深到願意花工夫應付、探索、質疑、尋覓道理，並建造融貫之概念架構；以及⑵他們擁有充分的機會，可以將所學之物應用到有意義的問題上。因此，卓越教師要求學生解決的智識、藝術、實務、生理或抽象問題，大多能讓學生感受到其中的趣味、美妙與重要性。創造合作性的環境，對學生之努力既挑戰又支持，並隨時給予誠實、有助益性的回饋意見。

最成功的老師會問自己，到底希望學生課程結束時能夠在智識上、生理上，或情感上學到什麼，以及爲什麼這些能力是重要的。他們有時候會摒棄或不大看重傳統性的目標，而把焦點放在理解能力，如何從證據推演出結論，如何提出重要的問題，以及理解自身的思考。在大部分的學科裡，這表示他們強調理解、推論和獨到之見解，勝於記憶、規矩、準時或外觀上的整潔。學生繳交之報告，相較於思考力的展現，拼字檢查、印製格式、字體大小、註解與參考書目的型態等等，都顯得微不足道；化學課程裡，概念性的理解要比個別細節之記憶重要許多；能夠思考反省自身的思想——以超認知的方式推敲琢磨——並在學習進程中不斷修正，要遠比記憶住任何名字、日期或數字來得有價值；能夠理解微積分解決問題的一般性原則，並且知道如何運用原則與概念從事批判性的思考，遠遠勝過解出特定問題的標準答案。這些卓越教師希望學生學會使用各種資訊、觀念和概念，以合乎邏輯的方式推得有意義之結論。他們爲學生提供深具意義和啓發性的回饋意見與方向；過程中，安靜而有力地揭舉遠大的理想，並表達對學生成就能力的堅定信心——絕不會貶損或評斷任何學生做爲一個人的價值。最重要的是，他們幫助學生把焦點從課業成績轉移開來，好好思索個人的目標與發展。

總括而言，我們探訪之卓越教師總是對學生期盼「更多」。然而，「更多」的本質必須與一些無意義的「高」期許區隔清楚——許多凡俗的目標只是單純地與課程結合，對思考和行爲型態沒有產生任何影響。對於一心想要栽培和激發學生從事批判思考、抵致更高層級之成就的老師來說，期盼「更多」的意義奠基於最高的智識、藝術或道德標準，並與學生的個人目標息息相關。我們發現，卓越教師總是深信學生的學習能力，有本事應付良性的外在挑戰；但是他們也很清楚，過度的焦慮和緊張，會大大影響一個人的思考。因此，他們一方面幫助學生鬆弛心情，相信自己；另一方面也設法刺激前進的動力，要他們別安於現狀，這種感覺來自於智識上的熱誠、好奇、挑戰與懷疑，也來自於一種學生可以成就的美好願景。

最近，克勞德・史帝爾寫了一篇文章表示，班上同學的背景總是複雜到無法用某個單一的類集來說明；要妥善處理這種現象，就必須「對不同的學生施予不同的引導方式。」舉例來說，同樣是負面社會刻板印象的受害者（認爲他們身處之族群無法順利完成學業），有些人仍然在意自己的課業表現，有些人則決心放棄；兩種不同的狀況，應該採取不同的因應之道。對於前者，若使用家教式的補救教學，只會提醒他們旁人之負面認定。除了刻板印象傷害的保護之外，他們也必須獲取更高的學術技巧和社會性的支持。這些學生所需要的不是補習，而是智識上的挑戰，以及一個相對安全的環境，持續灌輸智能可以擴展的觀念。史帝爾認爲，必須爲他們提供「非評斷性的回應」，可能的做法包括隨時在旁引導，提出蘇格拉底式的問題，不做價值判斷，不施予虛妄的讚美，也不把焦點放在正確或錯誤的答案。然而，無論是哪一種情況，學生都需要老師給予批判性的意見回饋，以及對學生之潛能抱持高度的信心。⑫

儘管言語上或有不同，我們研究的卓越教師確實掌握了史帝爾訊息的重要本質：每個學生都需要特別的對待。沒有任何一種進路，可以適用所有人。保羅・貝克提出另一套說明：「關於教學，我最強烈的感覺是，你必須從學生出發。身爲一個老師，如果腦中想的是自我和自己的學識，那根本談不上教學……課堂的時間應該屬於學生——不是一群學生，而是不可分割的學生共同體。事實上，你不是在教一個班級，而是在教一整個學生。」⑬

# 5 好老師如何引導課程進行？

幾年前，我的一位同事在西北大學做了一場關於教學方面的演講，題目爲「上課沒有用嗎？」。雖然實質內容是爲講演式的授課型態積極辯護，但就因爲題目上那個問號，讓校園內的一位教授氣得差點昏厥。這天，他拿著活動的宣傳單，蹣跚地步入教室，準備舉起長矛衝向內心的巨大風車（譯按：由唐吉訶德的故事而來，意指與假想的敵人作戰）——那些邪惡力量，竟敢挑戰其深愛之教育利器。「我要你們了解，」這名教授揮舞著海報，面對滿臉迷惑的學生說：「儘管學校的教學中心希望我們相信講演式的授課沒有好處，我還是要繼續下去，不管你們喜歡不喜歡。」

最近，另一位教授參加我們舉辦的暑期研討時，全力捍衛她原本就堅定不疑的信念：

「沒有人能從所謂上課這種東西中學到什麼」。研討課程裡，有個部份是示範學生心目中認定的優良授課。這位參與者覺得不可思議，怎麼有人會考慮用講演的方式教學呢？於是，利用後來與講者共乘電梯的機會，對之展開猛烈的唇槍舌戰。

上述兩個事件，不過是國內越來越多對課堂授課辯論的一小部份。論戰的一方認爲，研究結果在在顯示，講演式的授課從來就不曾發生過功效；但另一方則對此流傳已久的教學方法熱情擁抱，深信其中蘊含之智慧。毋庸置疑地，這場辯論已經開啓某些人的心靈，願意嘗試使用非講演型態教學的可能性；不過，它也製造了兩個敵對的立場，各自堅信自己處於眞理的一方，對於優良教學卻無法進行持平而深入的探討。然而，我們對卓越教師的研究顯示，的確有些人能透過優質的講演方式，幫助並鼓勵學生的學習抵致最高層級；另外有些人，則透過個案研究、問題解析、有效的指定作業、從旁指導、討論式的教學，或啓發性的田野調查等等，達致相同的目標。當然，上述的任何一個方法，有時也會遭遇無情的失敗。

那麼，成功與失敗之間的區隔在哪裡呢？首先，無論教師講演與否，總有些基本原則能夠跨越不同的實務操演，塑造有效的學習環境。其次，幾個關鍵性的技巧，可以有效驅動這些原則的運用。要了解到底是什麼因素營造出成功的教學，我們必須同時探討原則與技巧。

## 統合性的原則

從卓越教師的教學實務當中，我們發現了七個普遍原則：

### 一、創造一個自然性的批判學習環境

最好的老師企圖創造自然性的批判學習環境，更甚於其他。所謂「自然」指的是，學生試圖學習之技術、習慣、態度和資訊，被巧妙地置入於能讓他們感到新奇有趣的問題或指派工作中——這些實際的任務激發其好奇心，進而轉換成內在的興趣；所謂「批判」指的是，學生必須學習批判性的思考，從證據進行推理，運用種種智識標準檢驗推論的品質，在思考中求進步，並對他人思想提出深入且蘊含見解的問題。

有些教師在講演授課當中創造這樣的環境，有些則運用討論的方式，當然還有人會採行個案研究、角色扮演、田野調查等各式各樣的技巧。許多老師透過一個由學生主導

的中心計畫來實踐目標，而這個計畫通常是要靠學生之間的通力合作才能完成。有時候，學生是從精彩的講演當中聽聞一些觀念和證據之後，開始質疑自己先前的思考方法，進而深入探究問題眞象；有些時候，問題的提出與處理則發生在分組或課堂討論之中。當然，各種方法的選擇牽扯到許多因素，其中包括學習目標、師生間的文化與人格特質、學習偏好等等。不過，個別方法之取捨影響不大，更重要的是如何爲學生提供適切的挑戰，讓他們有充分的機會處理實際有趣的問題與工作，對手邊的任務做出抉擇，並爲自己的選擇辯護；過程中必然遇到困難，但是隨時可以接獲專人的回饋意見，重新嘗試。頂尖的教師創造出一種氛圍：每個人都是工作上的共同體。不論是聆聽教授講課時，一個人安靜地解決問題；或者是公開地與同學或教授論理。另外還有一個關鍵點，老師提出之問題、議題或任務必須具備實質價值：對學生而言是重要的，並且與該領域之專業人士所面對的實際問題相仿。①

構成自然性之批判學習環境的五個必要元素中，首要元件就是實際而有趣的問題。第二個決定性的要素爲，引導學生瞭解問題的重要性。有些老師將問題置入一個淸楚的框架，明白顯現其中蘊含之意義與價值，藉此增添問題的力道與挑戰性。幾年前，我們邀請來自德州大學的哲學教授羅勃・所羅門（Robert Solomon），對一群教師進行演講，談論其教學心得。所羅門教授將講題定為「誰殺了蘇格拉底？」在此標題下，他闡述了許多自身對蘇格拉底教育方法的研究精髓，也說明了為何這類方法不再被經常使用的原因。我們後來實地觀察所羅門的上課情形：在一門引介知識論的哲學課程中，他站在一群大一大二的學生面前，直視他們的眼睛，問道：「這裡，有人確定自己知道**某些事**嗎？」他詢問的方式，讓這個問題自然而然生出意義；因為當人們想要回答自己的問題時，學習變得更有效率。所羅門的做法，幫助學生將老師探究之議題轉化為自己的學問。當學生尋求某個正面的解答時，他們會發現這個答案跟另外一個問題息息相關，於是就像捲釣線般，收回一個又一個的解答，然後開始掌握整個新進研究的方向與目標。一旦進入這個階段，學生的學習也就正式啓動。

許多老師只給學生答案，卻從來不曾提出問題。就算偶爾處理到一些智識上的問題，也只把焦點放在某個狹隘的主題，僅僅談論激發該領域發展的相關議題。但是卓越教師則全然不同，他們傾向於把學科議題放在更寬廣的關注範圍內，通常以跨領域的方式切入問題。當達利・赫許巴哈（Dudley Herschbach）在哈佛教化學時，便將科學、歷史和詩文結合在一起，告訴學生人類探索自然奧祕的故事。他視科學爲一段旅途，而非單純的事實集合，於是帶領學生共同經驗窺探宇宙之奮鬥歷程。學習聚合體的課程，變成了尼龍之發展是如何影響第二次世界大戰結果的故事。他引入一些藝術層面的東西，希望藉由詩人和畫家情感上的力與美，激發學生的想像力和好奇心。達利甚至要求這些化學學生，在奮力理解科學家所開展之觀念和想法時，撰寫詩文抒發情感。

通常最成功的問題都具有高度的煽動性，旁人或許會嗤之以鼻，給予「得了吧」的輕蔑回應。如果你從學校回家，發現自己的父親已死，母親改嫁給叔叔，而父親又陰魂不散地托夢給你，表示自己是被謀殺的，你會怎麼做？當某些人習慣待在家中，處理自己私務時，爲何有些社會團體總喜歡介入並干涉別人的事情？是什麼原因，讓人們願意離開家園，深入荒野、沙漠或是叢林，大量地殺害對手？爲什麼有些人貧窮，有些人富有？你的大腦是如何運作的？什麼是生命的化學現象？人類能改善自身的基本智能嗎？

有時，老師會講述一些故事，或者提醒學生目前處理的問題，其實和他們先前深感興趣之更寬廣的議題密切相關。當所羅門在大學部教授一門存在主義的進階課程時，以一個故事爲開場白，談到一九四〇年代早期，法國被納粹統治的生活現象。在警察國家的箝制之下，即便只是單純地和朋友講些悄悄話，都有可能遭致悲慘的後果。他用這個故事，一方面幫助學生瞭解形塑沙特思想的政治與社會條件，一方面也提出有關存在主義之本質與意義的問題。

第三，自然性的批判學習環境必須讓學生從事高階的智識活動：鼓勵他們去比較、應用、評估、分析與綜合，而不是單純地傾聽和記憶。這通常代表著，學生必須要下判斷，並爲自己的判斷辯護；老師也該提供一些基本的資訊，做爲他們決定的依據。學生可能會評斷某個重要問題中遇到的論證；決定什麼時候，以及應該如何使用某種方法；論述眼前事物蘊含的意義；或者是，在幾個解決問題的不同方法中，做出選擇。當然也有可能，以上所有活動都包含在內。羅勃・迪凡（Robert Divine）對美國歷史提出一個重要的問題，幫助學生在比較寬廣的議題脈絡中思索這個問題，並簡略地敍述其他學者嘗試過的解答進路，最後再提出自己的論證，交由班上同學仔細評估。唐諾・薩利藉由故事和問題的綜合運用，激發學生對微積分做出批判性的思考。「當這個過程結束後，」他解釋道：「我希望讓學生覺得，是他們自己發明了微積分，只因爲生不逢時，才無法與牛頓相抗衡。」基本上，他誘導學生創造方法求出曲線下的面積，將整個過程分解成一個一個小觀念（而非步驟），然後以蘇格拉底的詰問方式提出質疑，進而幫助學生度過最困難的關卡。不像許多同學科的老師，他在學生面前所展示的並不只是微積分而已；提出的問題，總能幫助學生從過程中進行推理，看穿問題的本質，並自我思索解決的方法。「我希望學生能夠建構屬於自己的理解方式，」他說：「如此一來，他們就能述說一個如何解題的故事了。」

第四，這樣的環境還要能幫助學生回答問題。我們的研究對象，除了揭露重要的探索課題之外，往往要求學生發展自己的解釋與認知——當然還要能爲之辯護。「我教學上最大的成功，」薩利提起他的微積分課程時表示：「就是當我促使學生以自己的方式解答問題時。」許多人藉由論證與說明來促長這樣的歷程，甚至有時是採用「講演」的方式。

第五，自然性的批判學習環境會不斷地丟出問題：「下一個問題是什麼？」「我們現在能問些什麼？」有些授課者經常以問句的方式回應問題：「你認爲呢？」「如果這是眞的，那麼爲什麼（如何、什麼是、何時、何地等等）……？」「你的意思是什麼呢？」許多老師採取了一種特殊的技巧，我們第一次發現是在一九六〇年代，不過實際施行的時間可能更早。當課程結束時，他們通常會問學生兩個問題：「你們勾勒出什麼主要結論？」「心中還存有什麼疑問？」（一九八〇年代，有些教育家發現了這樣的流程，爲之取上幾個不同的名稱——一分鐘報告、立即的回饋意見等等——並宣稱是自己的發明。）有時，他們還會繼續問學生爲何勾勒出這樣的結論。問題的提出，或許是在公開的研討之中，或許是要求學生做一份書面報告。受利於網際網路的蓬勃發展，有些老師則要學生於課後上網回應。

依據教師的不同，這五種元素可能出現在互動式的講演，也可能出現在討論或共同解題的過程。一九九〇年代，西北大學的學習科學學院（Institute for Learning Sciences）和幾位教授共同研發幾個高度互動的多媒體計畫，希望藉此創造自然性的批判學習環境。舉例來說，賓州大學藝術史教授賴利・西渥爾（Larry Silver）發展出一套軟體，命名爲「它是林布蘭特的作品嗎？」（Is It a Rembrandt？）程式中的美術館館長交給學生下面的問題：一個極富盛名的林布蘭特展覽即將揭幕，但是有三幅畫的可信度出了問題。每位學生都變成館內最頂尖的藝術偵探，要來探究畫作是否眞實。爲了完成任務，學生必須檢視作品，建立完整的案例報告，提出證據支持自己的結論。他們可以詳細檢查每件藝術品，將之與其他類似的作品互相比較，閱讀館長的所有檔案，或是利用保存實驗室的設備。在每個轉折過程當中，都會遭遇許多問題，但他們必須自行決定要往哪個方向探究，從手頭資料來判斷自己前進的道路。譬如說，倘若想要檢驗某一幅畫，他們可以選擇特殊的區塊做細部探索，詢問筆法與構圖上的問題。學生的問題可以關於其他作品，以及其他作品與檢驗畫作之間的關連。此時，螢幕上會出現一個虛擬專家，提供簡短的解答，然後再從解答引申更多的問題。舉個例子來說，當學生打算檢視《帶金項鍊的老者》（*Old Man with a Gorgat*）畫中面容的細微筆觸時，可能想要知道，林布蘭特的學生是否也會在自己的畫作中混入相同的筆法。這時候，西渥爾教授便跑出來，針對「炫耀之展現」（bravura display）給予簡短的回應；然後學生可能繼續追問：「什麼是炫耀性的筆法？」——這是在此特定脈絡底下才會出現的問題。

慢慢地，學生累積出對藝術史、學科重要問題，以及回答問題應該採用哪些證據的理解。他們也發展出對林布蘭特時代之藝術世界的認識，了解評論家、鑑賞家、收藏家和學者共同組成的社群，當然還有多年來有關這位荷蘭大師的工作與其學生及模仿者間的各種爭議。他們建構出思考各項議題的語言辭彙，認知相關技術的細節與流程，同時也培養出記憶與活用繁雜歷史事實的能力。簡單來說，他們學習優秀藝術歷史學家的思考方式，明瞭並欣賞學科追尋探索的問題，形塑自己認爲的重要題目，瞭解哪些證據或許能夠解決紛爭，並且知道如何有效利用這類證據。上述種種，都是在建構自我學習案例中發生的，目的是爲了歸納整理某些畫作的特質，而非單純地將一些歷史事實打入記憶庫。

當學生覺得自己已經成功地得到結論之後，便把證據彙整出來，淸楚呈現給館長。如果論證不夠嚴謹，館長則會提出建設性的意見，要求學生再繼續調查。就算提出的報告相當充實，也總是會留下新的問題。任何結論都將打開另一扇新探索方向的大門。

哲羅．梅德（Gerald Mead）在近代法國史的課程中，也發展出一套稱作「革命之邀請」（Invitation to a Revolution）的類似程式，邀請學生經歷十八世紀末期的虛擬實況，看看他們是否能夠避免法國大革命的發生。在黛博拉．布朗（Deborah Brown）的物理課程中，學生運用程式來接受製造電梯的挑戰。在珍．古德溫（Jean Goodwin）關於言論自由的課程中，學生扮演最高法院的法官，判定一個難纏的實際案例：人們是否應該爲其言語所產生之長期影響背負法律責任。另外還有個叫做「新興經濟」（Emerging

Economies）的軟體，讓管理學院的學生能夠建議虛擬公司的總裁如何在新興經濟的環境底下做生意。

這些程式的功效並不在電腦程式本身的完備精巧（事實上，有人甚至宣稱在「盒子」之外的運作效果更佳），而是在它能創造自然性的批判學習環境，讓學生經由實際操作、面對任務（自己願意嘗試之智識性或其他性質的任務）的過程中學習。

很迷人吧？沒錯，但這可要耗費大量的經費才創造得出來。不過，我們也觀察到許多自然性的批判學習環境，可以在運用模擬技巧、個案研究、問題研討、田野調查或甚至講演方式的課程中順利開創。例如：喬德・里查森的學生在人種地理學的研究中探索自身文化；查理・卡農的學生奮力解決紐約港口的污染問題；一位專攻義大利文藝復興史的教授艾德・繆爾（Ed Muir），重新複製歷史場景，幫助學生除了發展對那個時代的認識，還學習如何利用證據建構歷史結論；唐諾・薩利帶了一捲衛生紙到教室，要學生設法求出其體積，並不斷引導學生將問題拆解至最簡單的單元；珍娜特・諾丹讓學生面對深受疾病痛苦的眞實患者，要求這些未來的醫護人員設想實際的臨床案例。有些教師運用個案研究的方式引導學習。例如：在歷史課程中，學生可能分成幾個小組，展現不同的歷史興趣。在國際關係的課堂上，學生可能回到一九七〇年馬克斯主義者薩爾瓦多・亞倫德（Salvador Allende）當選智利總統的場景，爲里查・尼克森（Richard Nixon）提出政策性的建議，也可能立即轉入一九七二年，針對尼克森政府兩年來掀起之經濟戰爭，建議亞倫德總統該如何回應。無論面對哪一種案例，學生必須以小組的方式通力合作，探查事件本身的資訊，閱讀各種相關之歷史論述與文件。透過這樣的過程，他們學會認知歷史問題的本質，以及如何利用證據解決問題。他們深入探索相互衝突之詮釋，並開始運用學科教導的證據法則、理論概念和推理方式，對各種詮釋進行評估。

我在本章已經強調，自然性的批判學習環境與老師是否以講演的方式授課並不相關。但以講演方式授課的高效能教師，幾乎都包含了前面所提關於自然性批判學習環境的五個要素。他們先以某個問題起頭（有時將之嵌入故事的闡述當中），接著再試圖讓學生理解問題的意義（將之與更寬廣的議題相連結，以刺激性的方式提問，並深入探究引申性的意含），激發學生以批判性的角度切入，論述解答問題的方法（完整地囊括證據、推理與結論），最後再以新的問題做結。唯一可能的例外是，卓越教師有時候會保留自己的答案，完全交由學生自由思索（反倒是那些較不成功的授課者，經常只提供問題的答案，而問題還可能是無人關切之冷僻議題）。

在最具效能的授課者手中，講演成爲釐淸和簡化複雜教材的方式，藉由重要且具挑戰性的問題，引起學生的注意，激發他們思索重要議題的內涵。講演之運用，不在百科全書式地涵蓋特定主題的相關內容，或是用來向學生炫耀老師的學問有多高明。我們發現，沒有一位好老師完全仰賴講演的方式授課（即便是像珍娜特・諾丹這般深具演講天份的老師亦然），但是我們確實發現，有些人的講課能更深化並拓廣學生的學習，因爲他們提出許多問題，並且吸引學生專注於相關議題。學生透過問題進行思索，面對挑戰，檢視證據，審愼推論（而非記憶結果）。最重要的是，講演只是整個大架構中的一環，學習環境中的一個元素，而不是教學經驗的全部。

有些人使用高度互動的講課方式，經常停頓下來，要求學生談論某個主題，訴說自己的認知，或者思索能夠在什麼時候以及如何應用某些觀念或方法。許多老師將學生分成幾個小組，然後很有技巧地設計作業，激發小組成員在課堂之外通力合作，共同面對課程遭遇的智識問題。針對某些主題，他們可能會提供書面的「演說」，要學生在課堂細讀，指出其中的主要論點和結果。由於學生可以用十五分鐘的時間讀完五十分鐘的講稿，所以還可以再花十五分鐘跟小組成員討論「講演」內容的意義、應用、引申意涵等等。最後的二十分鐘，老師則用來解釋問題，澄清誤解，建議學生如何進一步學習，並再提出新的問題，做個總結，最後要求學生撰寫報告，闡述自己的結論以及爲何推出這個結果的原因過程。有些學科，老師會要求學生在最後的二十分鐘簡短報告「講演」內容的中心論證和主要結論；或者在其他領域，叫學生到黑板前，利用書面資料講述之方法解決問題。②

有位教師經常要求學生在課堂中扮演「惡魔的聲音」，想盡各種可能的論證來駁斥老師導引之結論。近年來，他則敦促學生以上網回應的方式進行論戰。另外一名教師要求學生，把老師或其他學者立論的假設列舉出來。還有名教師，經常讓同學討論重要結論或原則所引申的意涵。

以上提及之自然的批判學習環境，皆兼具安全與挑戰性，學生在其中可以放心地嘗試、失敗、接獲回饋意見、再次嘗試，而毋需面對綜結性的評價。他們從實踐中，甚至失敗中學習；藉由親身經驗，獲致學科特定的推理技巧。

一個簡單但具深切意義的認知引導著自然性的批判學習經驗：人們最有效率的學習

（在行爲、思考或感覺上產生正面、實質且持續的影響），通常發生在⑴他們試著去解決自己感到有趣、美好或重要的問題（無論是智識上、生理上、藝術性、實務性或抽象性的問題）；⑵他們能夠在既具挑戰性又能獲得支持的情境中學習，在此氛圍下感覺自己掌控了自身的教育；⑶他們能與其他的學習者共同合作，處理問題；⑷他們相信，努力的成果會受到誠實而公平的評估；以及⑸他們能夠嘗試、失敗，並在綜結評判之前接獲專家非評斷性的回饋意見。

## 二、抓住他們的注意力並延續之

自然批判學習環境的想法，爲最佳教學提供了強固的組織基礎，再加上某些特殊的準則，指引著我們研究對象的行爲。卓越教師藉由迷人刺激的行動、問題或陳述，持續性地吸引學生的注意力。「人類心智之開展，必須先專注於如何理解、應用、分析、綜合或評估某件事情，」一位教授告訴我們這個時有所聞的論點：「而老師就是要幫助學生激發這方面的專注。」哈佛政治理論學家麥克．沈岱爾（Michael Sandel）認爲，教學「最重要的就是博得注意力，並持續保持。」也就是說，不但要引起學生對主題的興趣，還要在每一堂課中捕捉和延續他們的注意力。「我們的工作，」沈岱爾繼續論述：「跟汽水或其他商品的廣告沒有太大差別。」唯一不同的是，吸引注意力之後所要達成的目標。「大抵而言，」他說：「我們意圖吸引學生的目的，是希望轉變他們大部分時間的專注對象。」

教師能成功抓住學生的注意力，往往是從刺激性的問題開始，利用學生從未想過的有趣議題，深具啓發性質的案例研究，或是內含特殊目的的故事情節。

## 三、由學生而非學科角度出發

爲了獲致並延續學生的注意力以追求更高目標，卓越教師會從學生的立場出發。正如沈岱爾所言：「先談論學生關心的、知道的，或他們以爲自己知道的話題，而不是一股腦地丟出課程藍圖、綱要、故事、理論或自我的說明。」這種進路包含了幾個核心觀念。對沈岱爾和其他許多人而言，此方法乃立基於蘇格拉底式的對話。「蘇格拉底由人們自以爲瞭解的地方開始，」沈岱爾解釋道：「然後試著漸進性、系統式地將他們自其熟悉之處扭轉開來。」這種進路通常是要求學生從自己原本的觀點思考問題，儘管他們所知不多，也試圖表明某種立場。當唐諾・薩利幫助學生拆解微積分問題時，也經常採取類似的方法。利用蘇格拉底式的詢問態度，他由學生「常識性的」解答開始；然後經過一些後續探索，爲學生增添學術發展所帶來的「肌肉」。沈岱爾將此教學方法與教孩子打棒球的道理相比較：「我可能給他上好幾堂課，講述如何握棒、如何站立、如何注視投手投球，以及如何揮棒等等；但卻不讓他眞正摸到球棒，直到聽完所有的課程。或者，我也可以直接給他根球棒，讓他按照自己的意思揮動幾下；然後再根據一個孩子能夠做到的情形，給予調整性的建議，讓他成爲更好的打擊手。」在指導棒球上，第二種方法顯然比第一種方法要有意義；而那也正是沈岱爾和其他優良教師用來教導學生思考的方式。

每年有超過七百個哈佛學生，擠進沈岱爾的教室修習正義課程。爲了幫助這些學生成爲好的政治哲學家，他在第一堂課總會以某個有趣的困難情境做導引，裡面牽扯到許多他希望學生設想的問題。比如說，他要學生想像底下的場景：假設你是個開有軌列車的司機，而車子正駛往五個正在軌道上工作的人。你無法將車子停下來，因此似乎註定了你將輾死這些人的命運。就在設法減速但仍不斷逼近前方悲劇時，你突然發現有條支道，如果願意，可以設法將列車駛入。唯一的問題是，在這條軌道上也有一個工人在做事，一旦選擇轉入，則這個人將無可避免地慘遭輾斃。沈岱爾問學生，你會做怎樣的抉擇？轉入支道，碾死一人而保全另外五人？怎樣做，最符合正義？爲什麼？通常學生都輕易地選擇以一人之性命換取五人的生還。

之後，沈岱爾會將故事稍作改變：假設你並非在列車上，而是站在天橋俯視這件即將發生的慘劇。此刻，你發現旁邊有個身軀龐大的人也正往下俯視。你迅速地計算出，如果將他推下，正好會躺在火車前的軌道；其龐大身軀可以阻擋列車的行進，他雖然會死亡，但能拯救另外五個人。那麼，犧牲這個人的生命符合正義嗎？

透過思想性的練習，沈岱爾希望能誘使學生思考正義中最基本的問題，並且瞭解自身想法與一些主要哲學家之間的關係。一開始，他們自然無法趕上專業哲學家的論述（正如空地上玩棒球的小孩，還不夠資格打大聯盟一樣），但卻能藉由實際的思想操作及接獲回饋意見的過程，不斷學習進步。在整個課程中，沈岱爾把所有主要的哲學學派與作者放入當代意識型態論爭的脈絡當中，希望激發學生的高度關切。思想史的知識，讓他得以從彌爾或康德等哲學家的作品中選取適切的段落；對學生的關切與認知，幫助他挑選學生會感興趣的政治、社會或道德論辯。同樣重要的是，他不斷修改議題，來適應新世代的學生。

許多卓越教師非常審慎而技巧性地處理學生進入課堂之前秉持的心靈典範或模型。其實際做法，也與傳統相違背。大部分的傳統教學，都是追尋學科發展出來的組織架構，涵蓋一組必須被教導的主題內容。然而，我們研究對象所採取的進路，卻同時考量學科與學生學習上的要求，試圖探知學生可能秉持之最嚴重、最有問題的觀點（就學科的角度而言），然後精心設計一套教學流程，漸進式地挑戰每一種「錯誤的」心靈模式，幫助學生循序建構整體性的理解。整個課程的組織架構，便環繞在課堂意欲挑戰之一系列學生既有的心靈模組。這樣強而有力的教學方式，可稱為「以學生為中心」的教育模型（相較於「以學科」或「以教師為中心」的教學方式）。

這種由學生角度出發，而非聽命於學科傳統的觀念，還對教學實務產生另一項影響：它會引導教師從簡單解釋到複雜。「如果學生的認識就這麼低，」珍娜特・諾丹一邊將手貼近地面，一邊說明：「你就不能從高處談起。有些醫學院的學生進來時，根本不知道什麼是神經原——一種存在腦部的細胞——所以你必須從最簡單的觀念開始，然後再迅速向上搭疊。」③

## 四、尋求許諾

卓越教師會要求學生在課業與學習上都立下某種許諾。有些人在第一堂上課時，便詳盡說明課程許諾的前景與計畫。他們要學生自己決定，是否願意依照這樣的方式追尋學習目標。還有些老師清楚列出課堂義務，將之視爲決定是否選課的重要依據。「我在第一天上課時就告訴學生，決定修這門課便表示決定每堂課都會出席，」一位教授如此解釋。「我也告訴他們，當我決定教這門課時，就表示我會認眞看待這門課程，讓每一堂課都值得參加。如果他們覺得我並沒有做到，希望也能夠讓我知道。」數學教授唐諾・薩利和曾經獲獎的工程師里查・路普托（Richard Leuptow），都明確地要求學生付出努力。查理・卡農在其革新工作室上課時，也同樣開宗明義地把學生必須參與的計畫與共同分擔的責任交代得一清二楚。路普托以堅定但友善的方式，要求學生舉手表達每堂課都會準時出席並認眞參與智識思索的意願。「選不選課是你的決定，」我們不只聽到一人如此訴說：「但是一旦做了選課的決定，你對這個學習社群的其他學習者便都有了責任。」

這裡有個相當微妙但又非常重要的差別。有些教授喜歡像訓練新兵般訂下嚴格的規定，但是我們的研究對象卻從來不去「命令」學生；他們的態度是，如果學生計畫修這門課，就應該對這門課有所許諾。「我希望學生決定自己是否眞的想要修這門課，追尋課程揭舉之學習目標，」一名教授告訴我們：「並且確實明瞭伴隨課程而來的責任義務。我要他們好好思考之後，再做決定。」儘管沒有任何正式公開的許諾儀式，高效能教師在每一堂課都期待學生能夠傾聽、思考並有所反應。這類期待能從某些行爲中透露出來：他們關切的眼神、熱情的語調、詢問學生的意願等等。這與其他教授的反應存在極大的差異，他們很少或甚至從來不曾看著學生；持續不斷地講課，彷彿根本不期盼學生吸收任何內容；從來不曾嘗試激發討論或要求學生的反應，因爲他們根本不冀望學生對課程有任何回應。

## 五、幫助學生從事課堂外的學習

卓越教師在課堂中的所作所爲，總會考量如何有效幫助並鼓勵學生在一堂課到另一堂課間，從事課外的學習。這種進路跟只爲因循傳統或「處理」、「涵蓋」某個主題而採取行動的做法大不相同，不過也有可能導引出幾種主流方式：釐淸或簡化觀念的解釋，讓學生有能力研讀或探究更複雜的資料；激發討論，讓學生有機會面對新問題，並在從事計畫前與其他人共同探索自己的想法；範例的實作，既處理現存觀念，也更進一步激起可能的新穎概念；論辯之演練，讓學生從事批判性的思考，並明瞭自身理解與推論能力的落差；小組作業的指派，要求學生合力面對問題，建立學習社群的感覺。眞正的不同點來自計畫之擬定，以及教師爲什麼如此選擇的理由。由於卓越教師是用反推的方式計畫教學，所以在鼓勵學生自我學習、激發學生深度學習的目標底下，對整個課程會有智識發展的序列圖像。反觀一般課程，教師或許也會爲學生創造作業，但鮮少利用課堂幫助學生處理功課。

## 六、引領學生從事學科性的思考

高效能的教師總會運用上課時間，幫助學生以專業學者的方式思考相關資訊與觀念。他們省思自己的思維模式，並讓學生明確察覺這種過程，持續性地促使學生做同樣的事。他們不只想到學科內容的傳授，還審愼思索該如何教導學生理解、應用、分析、綜合及評估證據與結論。有些人使用蘇格拉底教學法，有些人則結合了解釋與提問的方式，但都能達致相近的結果。「我們無法毫無目標地學習推論，」一位老師告訴我們：「但是知識的形成並不在於記憶一些單獨的事實，而是來自推理的能力，也就是運用理性推出結論的能力。」我們觀察到，許多教師在解釋和引領討論時，對推論過程特別關注；我們也看到，教授不斷地要求學生分析各種論證，無論是講演內容、閱讀資料或彼此發表之論述。在考試中，他們要求學生運用臨床上、科學上或歷史上的推理技巧，藉以強化這些能力在課程教育目標的中心地位。

透過這類的教學方式，老師能幫助學生建立概念性的理解，而不只是在學生面前展示學科內容。許多數學家、化學家和經濟學家，總花大部分的上課時間在黑板上解題；卓越教師則不然，他們提供解釋、分析、類比和問題，幫助學生理解學科之基本概念，進而自我解決問題。當其他老師堅持學生必需先學習（記憶？）資訊，才有能力進行推理，我們的研究對象則認爲，只有在學生能夠同時運用事實進行推理的情況下，才有可能學習到那些事實。

課堂中，他們可能採取高度互動的「講演」方式，提出某個問題，再誘導學生認清怎樣的證據可能解答問題，以及相關證據該如何取得：「這是目前爲止獲得的證據，你該怎麼引用？你看見了什麼問題嗎？針對這個證據，你會詢問些什麼？我們需要獲取怎樣的證據才能回答問題，以及該如何發現或收集那些證據？這裡是一些你們建議出來的結果。現在，問題到底是什麼？證據在哪裡？暫時性的結論（假設）是什麼？」另外有些教授，可能以分組的方式要學生共同探索中心論證爲何，論述援引的證據形態是什麼（觀察或推理而得），兩個論證（在信念和態度上）的相同／相異處在哪裡，論證有哪些假設與引申之意涵，以及進一步研究的適切方向是什麼。

## 七、創造多元的學習經驗

「人的腦子喜愛多樣性，」珍娜特・諾丹一再告訴我們。爲了滿足那種偏好，她和其他傑出的教師運用多重的方法引導課程。有時候，他們提供視覺性的資訊（圖片、圖形、流程圖表、時間線形、電影或表演）；有時候，則運用聽覺上的輸入方法（演說或聽覺資訊的視覺符號——書寫文字和數學符號）。他們讓學生把想法表達出來，增加學習者之間的互動；但是也給學生獨力省思或聆聽他人解釋的機會。有些內容是以歸納的方式組織起來，從事實、資料和實驗進入普遍性的原則和理論；有些事物則靠演繹的方法推得，將普遍原則應用到個別情境。他們提供學生序列學習的機會，一次一小部份；但也設法讓學生有全面學習的空間，頓然置入整體性的圖像。有些學習採用重複演練特定技能的方法；有些學習則充滿創新與驚奇。最好的教師，總會在系統和混雜之間取得最適切的平衡點。

「關於學習型態之論述的最大貢獻在於，」一位教師告訴我們：「它讓我們注意到多元方法的需要。我不認爲有任何足夠的證據可以支持：大部分的人都非得仰賴某種學習型態不可，其他方式皆無法達致良好的學習效果；但是我確實相信，所有的人都能從多元性中獲益。」

## 將教學技藝運用到課堂之中

前面所提的七項原則再怎麼有效，如果不能妥善運用也是枉然。教授在學生面前的實地表現，確實會影響學習效果，它包含了教學上的技能和藝術（甚至生理機能）。這些技巧或許不能改善深具根本缺失的教學，但確實可以幫助好老師發揮更大的功效。注重表現的適切態度依然是「以學生爲中心」，關注細節的目的全然爲了學生的學習。

讓我們檢視教學技藝的兩項元素：說話的能力，以及促使學生說話的能力。

## 良好的談話

我們探究之卓越教師，無論在教室、實驗室、工作室或任何會見學生的地方，所展現之最富意義的教學技巧或許就是良好的溝通能力，隨時能夠激發學生思考。沒有學者會反對寫作的重要，而好的作品也確實取決於思考能力；但除此之外，許多技藝性的細節與法則，仍然不容忽視。在學術界，良好的寫作能力會帶來某種獨特的地位，那是口語溝通無法享有的。然而，針對教學這個主題，口說技能——無論是簡短的說明或冗長的解釋——卻顯得十分重要，跟寫作能力一樣值得修煉。

所有的卓越教師都會跟學生談話，而那些談話的品質跟教學上的成功密切相關。一般而言，最成功的老師總能找到最好的方式解釋事物；然而，我們的研究對象還特別注意，口語技巧的改善會直接導引學生更正面的學習反應。在此，我把焦點放在最佳溝通者的實務操作與見解，學生皆十分感念他們啓發性的談話，清晰的指引，以及完整周到的說明。

最重要的一點是，成功的溝通者始終把自己對學生的言論——無論是五十分鐘的演講或兩分鐘的解釋——看成是一種對話，而不是表演。他們與學生互動，並鼓勵他們彼此交流，或甚至學著跟面前的資料產生對話。儘可能地拉住每一個人加入對話，以適切的手勢和肢體語言表達碰觸每位同學智識心靈的慾望。由於他們希望學生思考理解，面對問題，學習智識技能，以及從事自我與彼此間的交談，因此會隨時注意學生的反應，檢查他們是否理解談話內容，並確保教室內的所有同學都進入討論的行列。

高效能教師在闡述某項論點之初，可能把目光放在某位同學身上，然後再轉移到另一位同學；等到解釋完畢之前，眼神已經從教室一端延伸至另外一端。在大教室授課時，可能刻意與遙遠角落的學生交談（「你從那邊可以聽得清楚（或看得清楚）嗎？」）我們的研究對象中，大部分會做修辭上的考量，哪怕只是爲了要問：「這有任何意義嗎？」他們觀察學生的反應，閱讀學生的眼神及其他肢體語言，並針對聽衆顯露出來之豁然、迷惘、困惑或甚至無聊的態度，隨時調整自己的談話。他們記住學生的姓名，並且三不五時指定同學發言。他們會從講桌後走出來，排除任何人爲障礙。他們經常性地要求學生表達意見，隨時停下腳步等待提問；有時候，只是單純的暫停，觀看學生的反應。有些老師會顯露出奮力理解或說明某個觀念的歷程，創造即時交流的情境，讓學生感受到自己也身處同一個難局，屬於交談互動的一部份。另外有些老師經常與學生開玩笑，讓他們可以輕鬆地發問、評論，並積極加入對話。根據蘇珊．維特歇爾所言，這類型的教學跟邀請學生上餐桌交換意見並沒有太大差別。

然而有點弔詭的是，爲了順利達成談話效果，教師必須注意自己課堂表現的品質，還得考量學生人數的多寡、教室的形狀大小等細節。他們不像某些電影或電視節目，按照固定的腳本表演，渾然不顧當場激發的反應；他們必須試圖在同一個地方，與所有學生產生溝通。面對兩百個學生所需要的精力和計畫，絕對與研討桌上跟六個學生交談（或兩個人在客廳對話）的情形大不相同。

最有效率的講者會用聊天性的口吻說話，但是聲音語調會讓所有在場者都有參與的感覺。他們清楚而小心地論述；有時會停頓下來，讓重點自然彰顯。他們要強調某個論點時，不會突然走動起來；或者邊走邊說時，不會在重點出現之際停下腳步。在大型的演講廳，他們會採用比較誇張的手勢，即便只爲了造就某個小小的效果；在小型的研討室，則會以收斂的舉動達致諾大的功效。無論教室的大小如何，他們說起話來像是認得每個學生，而且試圖吸引所有人的注意，包括坐在後排的學生。④

許多研究對象都表示，在他們教書的生涯當中，曾經對咬字發音下過工夫——如何清楚地發出言語——或者曾經在鏡子面前練習論述。另外有些人告訴我們，他們曾經意識地避免來回走動或對著黑板說話，排除一些緊張性、干擾性的小動作——或許是因爲觀察自己授課的錄影帶後才發現——或者刻意看看後排的學生，以手勢指向他們，或有時候詢問他們一些問題。有些老師還努力改善自己的音質語調，設想適切的肢體語言，或甚至去除彎腰駝背、喃喃自語的壞習慣。

在這種交談／表演的情境裡，自然而然生出一種戲劇感，知道什麼時候該停下脚步，讓關鍵處突顯出來。速度的細微轉變，成爲重點背後的驚歎號，觸發聽衆之思考、算計或理解上的建構。⑤羅勃．迪凡知道如何在研討性的課程中提出好的問題，然後耐心等候（即便是好幾分鐘的沈默），讓學生專注思考。有時候，高效能的講者會在關鍵重點出口瞬間完全靜止，身驅動也不動，就像影片中的停格效果，吸引學生的高度注意，好好想想那個論點。簡單來說，他們知道怎麼讓沈默發出力量。

優秀講者深諳速度轉換的技巧與時機。每隔十到十二分鐘，他們會改變演說的韻律和內容，移轉方向或專注的對象，切換主題或行動，在說明中插入故事或問題，結束或開始某項練習。有些老師藉由幽默的話題做轉換；有些老師則把講述內容從具體進至抽象的層次。如果原本正滔滔不絕的講話，他們會知道什麼時候該停下步伐；如果原來是沈默狀態，他們也會知道什麼時候該重新開口。

然而，再完備的技能手冊也不能完全捕捉卓越教師之所以能如此有效地連通學生心靈的一項要素：幫助他們學習的強烈意念。

「意圖」是個古老的觀念（盛行於劇場之中），它強而有力地引導高效能者以適切的方式說適切的話。最好的教學發生在老師走入教室時充滿了底下的意念：激發每位學生的興趣，以清晰而有效的方式溝通，幫助所有人理解，引發回應，滋長深度學習，包容多元性的面向。這些緊密相隨的目標與感受，深深影響了教師的所作所為。「我進入教室，到底只是想打發這一個小時，或是希望用知識打動學生的心，」一名教授告訴我們：「它將深切影響課程的進行。為什麼教學會失敗的癥結其實就在這裡。我無法解釋差別是如何以及為什麼產生，但它確實如此。」

許多教授表示，在進入課堂前幾分鐘，他們總會安安靜靜地想想，今天（以及未來的日子裡）要怎麼幫助並鼓勵學生學到什麼東西。珍娜特・諾丹告訴我們，每學期頭一堂上課前，她都會回憶起第一次聽到別人解釋腦部運作時的興奮與敬畏之情，於是很積極地設想該如何幫助學生也產生同樣的感覺。安・伍德渥斯經常談起，自己如何想像地上突然冒出一顆神奇而充滿力量的球，源源不斷地賦予她精神和肉體的能量，可在教室或排演廳好好運用。其描述似乎有點像是自我催眠的方式。

或許有些人會覺得這種技法有點胡鬧，還不如多花時間在更重要的準備工夫上，但是我們可以從劇場自古以來盛行之實務觀念中發現，理解與意念影響他人的力量是多麼地大。教學並非演戲，但好的教師也確實希望自己的話語可以對聽衆產生影響：吸引他們的注意，引發他們的思想與問題。高效能教師對此甚爲明瞭，經常有意識地探索自我的意圖，透過兼容理性與感性之過程，慢慢形塑並修正自己的抱負。這樣的實務技藝固然帶有細膩分析的力量，但也包含感覺與態度引爆之能量，這是歸納和演繹推理無法獲致的效果。學生感受得到，並會有所回應。許多接受訪談的學生提到「她做了某種無法解釋的事情」，神奇地激發了他們的努力。當我們拿研究對象與其他不具教學成效的老師相比較時發現，有些案例在教學內容或架構上根本無法解釋兩者的差異。但是我們卻也發現，高效能教師通常都會比較審慎且深入地思索自己對學生的意圖，並讓那些期盼和態度引導自己的教學。⑥

## 溫暖的語言

除了上述強而有力的觀點之外，還有項溝通上的特質突顯了卓越教師的不同。對於這些額外的特質，我們奮力思索了好幾年，直到雪梨大學的保羅・漢瑞奇（Paul Heinrich）教授引介「溫暖」與「冷淡」語言的觀念後才豁然開朗。有時候我們解釋事情，只是輕輕地談論它，而沒有貫穿其中的內涵（在旁邊迂迴閃躲，好像害怕深入說明似的）。「我們可能會做類似下面的事情，」漢瑞奇解釋道：「有個故事是關於一個小女孩和三隻小熊，她在小熊出門時進入他們的房子，試吃、試用了所有的東西；然後小熊回家，發現了小女孩。」這樣的語言是冷淡的。它並沒有真的在講故事，可能假定聽眾已經聽過了，或者這個故事根本吸引不了聽眾的興趣。漢瑞奇形容它是「區隔式的、不帶感情的、不具描述意義的」講述方法。相反地，我們也可以用溫暖的語言說故事：「從前從前，有三隻小熊和一個名叫葛荻拉克（Goldilocks）的小女孩……」講者是浸身其中的；它描述了整個故事，而不單單只是提及而已。溫暖的語言「在本質上就是闡述故事」，漢瑞奇如此解釋。「從頭開始，然後慢慢地用你的方式前進，引導最後的結果。結果是未知的（即便有所預期），直到故事終了。」溫暖語言傾向於採用現在式的時態，但「即使使用了過去式，也是爲了讓讀者進入特定的時空，巧妙地『由內』貫穿故事的進展。」

卓越教授的語言是溫暖的、明確的、完整的，他們會講好聽的故事，做巧妙的解釋。隨時以豐富的詞彙發問，帶領聽衆沈浸於資料開展的世界。相反地，成效不彰的教授則多半使用冷淡的語言。他們傳達訊息時輕描淡寫，彷彿害怕道出整個故事；解釋時總把幾個重要的步驟省略，好像認爲聽衆已經知道，所以毋需重述。

這並不是說，好老師從來不用比較冷淡的語言說話；但那只有在已經藉由溫暖語言將學生引入主題、無論在智識或情感上牢牢抓住學生之後。冷淡語言的運用是爲了提醒與綜結，而溫暖語言則是爲了邀請與激發。

## 巧妙的解釋

對話性的語調、良好的意圖以及溫暖的語言，都是言說技藝中的重要元素，但還有一項特點可以彰顯出最佳溝通者的效能：卓越教師知道如何做出巧妙的解釋。⑦毋庸置疑地，他們的講解清晰周延，又能激勵學習；但是，他們是如何達到這些效果的呢？爲了透視這方面的技藝，讓我們把焦點放在概念或資訊性的解釋——它們經常出現在講演之中，但也可能在回答問題時發生。一般而言，傑出教師先從簡單的普遍原則開始，再導入複雜和特殊的事物。他們在引介專業辭彙前，會先使用日常熟悉的語言。

有人曾經錄下一段關於里查・費曼的影帶，他坐在一張大而舒適的椅子，談論游泳的故事。這位物理學家要我們設想自己位於游泳池畔，看見某人跳進池內，造成水的劇烈波動。「很有可能，」他解釋道：「那些水波隱藏著重要的線索，告訴我們池內到底發生了什麼事情。」也有可能，「某種非常聰明的昆蟲……」費曼繼續說明：「坐在池邊的角落，被水波的劇烈衝擊所干擾，困惑其間的不規律現象，〔然後〕……推究出是誰在什麼時候跳進了池裡的哪個部份，進而明瞭整個游泳池發生的所有事情。」事實上，「那正是我們觀察某件事物時的作爲。我們的頭部有個洞叫做眼睛，而另外有種叫做光波的東西不斷震動，爲我們提供資訊。」

費曼以孩童似的故事起頭，然後再逐漸加入一些複雜性。光波跟水波很像，但卻是三次元的（而非二次元）。這是「非常神奇地，」費曼引爆出關鍵性的重點：「當我看著你的時候，站在我左邊的人可以看見站在我右邊的人。」那是怎麼一回事？「我們很容易把光波的運行想成直線，但事實並非如此；因爲它是三次元地不斷震盪。這裡有個叫做電場的東西，不過我們暫時不用管它到底是什麼。總之，光的震盪就有點像是水波上上下下的晃動。另外還有量的變動也需要考慮，整個運動組合非常精巧而複雜，造就了我之所以看見你的現象。」接著，他又一步步引導出X光、宇宙線、紅外線和無線電波等概念。⑧

許多因素讓費曼的說明成爲一個很好的範例，展現高效能教師共通的解釋形態。他用「泳池之蟲」的故事爲起點，激發學生的興趣，並在述說的每一個階段，都特別強調概念與基本原則的理解。在複雜化或甚至介紹觀念的名字之前，就對基本概念的寬廣性理解下了一番工夫。我們發現，其他的高效能教師也傾向於這種模式，用一些隱喻、類比或說明來簡化重要的觀念，讓學生先有個粗淺的認識。然後，隨著解釋、範例和證據之開展，再引介比較複雜的層面，有時候甚至會對先前的隱喻、類比或說明產生挑戰。「我通常會先做一番解釋，」一名教授告訴我們：「幫助學生領悟一點東西，進而建構概念。然後加入更多的資訊與觀念，學生開始明瞭起初的想法太過簡略，甚至還有些誤導。但是，如果我一開始就用複雜的方式解釋，他們根本無法了解。」值得注意的是，她的意圖是要幫助學生理解，而非炫耀自己精湛的學問。

當我訪談研究計畫中的一位數學教授時，他問我是否知道如何定義函數。我當下承認自己的數學知識早已生銹，大學時代記憶的定義無法立即喚起，只知道是變數與變數值之間的一種關係。「但是，你能不能用自己的話來說明這個基本概念？」他態度堅硬地追問。我開始有點結巴，直想找個最近的出口離開。就在此刻，他突然朝我的方向丟出一枝筆，我本能地伸手接住。「你是怎麼接住這枝筆的？」他如此詢問。「我把手張開，然後在適當的時機環繞著筆闔起手掌。」「但是，你怎麼知道什麼時候把手張開，什麼時候把手闔起？」他繼續追問。經過一番掙扎，以及這位數學家的更多問題，我勉強獲得了一個結論：藉由筆飛行路線的觀察，我預測出它的位置。「那就是一個函數，」他興奮地表示。「你獲取了筆在這點、這點、以及這點的位置，然後預測它什麼時候會落入你手裏。」接著，他轉過身走向黑板，寫了一道公式。「我也可以用這種方式解釋給你聽，一般人都是這樣處理的。但是若眞如此，學生都只會記住公式或定義，而不能眞正掌握概念的內涵。」我們發現，研究對象中無論是歷史、化學、社會學、經濟學、生物學或其他領域的教授，都採取了類似的進路，在還沒正式介紹術語和定義之前，就先激發學生用自己的語言認識觀念。

好的解釋是要先找到適切的方式幫助學生建構良好的理解，而這並不必然是最準確、最詳盡的說明。從簡單、熟悉處著手，再逐步引進複雜、未知的事物。一開始，可能只是個比喻或普通的原則。珍娜特・諾丹稱這種方法爲「三明治進路」（sandwich approach）。先從麵包開始，對一些基本而寬廣的觀念做出一般性的良好說明。隨著時間進展，再慢慢放入美乃滋、肉片、青菜、番茄等等，直到學生發展出更爲精巧的理解，這時候再回過頭看看原初之領略，或許會發現它不恰當的地方。因爲知道學習者必須建構知識而非單純地吸收，所以才會產生好的解釋。

## 促使學生說話

好老師知道如何做精彩的演說，但也同時能激發學生發表談話。沒錯，我們經常聽到有些課程唏唏唆唆地伴隨著生動的對話，整間教室充滿了問題和意見交流的聲音。然而，談話有可能只是輕率、愚昧的過程，無法產生豐富的理解，或者只是鼓勵學生加入論戰，試圖「贏得辯論的勝利」而非發覺眞理。傑出教師不只希望學生開口說話，還要求他們用心思考，並學習如何進行思想的交流。「讓我們想想爲什麼要安排課堂討論的時間，」一位卓越教師告訴我們。「當然，我們希望達到的效果不只是爲了塡補時間，或者製造學生的緊張，好讓他們更愛聽我們說話。」

根據范德比爾大學政治系教授厄文・哈格洛夫（Erwin Hargrove）的說法，課堂討論有個更寬廣的目的。幾年前，他與一群同事交換教學心得：「想想剛開始教書的頭幾年，如果你是個典型的老師，很可能會告訴自己：『我現在學的比以前還要多。』我們之所以引導課堂討論，就是要讓學生嚐嚐這種經驗。促使學生親自爲某個主題奮戰，發展出自己的思想與理解，並把想法表達出來，接受別人的挑戰。」我們的研究對象認爲，好的討論課程可以幫助學生專注於重要問題，刺激他們掌握關鍵議題，協助他們體認智識上的迷人經驗，以及提供他們機會建構自己的理解。老師也應該用相似的態度來評斷討論的品質。我們並不在乎學生發言次數的多寡，而是希望他們能確切掌握重要的問題，透過一番腦力激盪而對關鍵議題有更好的理解，並且能夠進一步提出具有批判性和原創性的問題。

要怎麼開創這類型的對話呢？最重要的是，討論之對象必須讓學生覺得有意義，而且需要花工夫去解決。討論的問題可以由老師指定，但那要讓學生同樣感受到其中的意義；或者更好的是，由學生自己主導探索的方向，這通常是發生在老師說了一些什麼事、還是指定他們閱讀或觀賞什麼東西之後，學生對其內容感到困惑、興奮、刺激、迷人、不安、訝異，或甚至憤怒。許多老師利用故事來激發討論。我們經常聽到一些好的老師要求學生評斷事物或提出建言——即使在科學或數學課程都是如此。基於自身的幽默感、對益智問題之偏好，以及對學生思考能力的信任，唐諾・薩利在學生間點燃了一段關於計算曲線下面積的精彩對話。麥克・沈岱爾藉由道德上的困境，激發攸關正義的深沈問題。珍娜特・諾丹爲精神疾病賦予人性的面容，或者基於自己對「能夠掌控你是誰、做什麼事情」之偉大器官的敬畏，挑起了學生對腦部運作的強烈興趣。

卓越教師不會要求學生直接談論文件本身，而是刺激並引導他們討論閱讀資料揭露之想法、議題或問題。學生的閱讀不僅僅爲了完成指定的作業，而且是要爲一場智識性的奮戰做準備。討論進行中，老師要求學生提出對重要議題和問題的想法，並解釋原因。一旦想法開始湧現，老師便進一步追問相關證據，要他們回答，從資料來源援引論證，鼓勵並允許學生挑戰彼此的論述，指出信念和態度上的異同點，詢問適切的問題。

我們的研究對象通常喜歡選擇座椅能夠移動的教室。許多教授在人數衆多的班級中，會將學生分成幾個固定的、同質性較低的小組，有時候也會指定一些任務，讓各小組在課堂中合力完成。有些教授採自由分組的方式；有些教授則花費心思分派小組，主要是爲了顧及進階學習者與新手間的平衡。許多老師先鼓勵學生形成三到四人的小組，指派一些小組作業（例如：在你有興趣的領域中，尋找並描述某個數學原理的應用），然後再爲那些沒有很快找到同伴的人分組。另外有些老師喜歡根據問卷調查獲得之資訊分派五到七人的小組，刻意在能力和背景上做混合性的調整。

俄克拉荷馬大學（University of Oklahoma）的組織心理學家賴利・米喬森（Larry

Michelsen)，經常藉由一種遊戲，創造異質性較高的學習社群。舉例來說，如果他想要讓每個小組在某個領域的經驗長短呈現多樣性，他就會先請學習經驗最久的同學站在最前頭，第二久的次之，如此依序排列。如果他希望分成六組，便從第一位同學開始，按照順序循環式地指派一到六的號碼。然後，同樣號碼的學生一組；這樣一來，老手和新手就會平均分散到各個小組。

幾個因素似乎能讓小組發揮最大的功能。如果學生把小組看成是操作實際問題的機會（而非應付課程要求的義務），相關經驗成爲一種光榮的正面特質（而非暗示其程度低落必須重複彌補），良好的效果便能產生。相反地，有些老師的小組運用方式失敗，多半因爲他們指派的小組任務只是簡單地尋找「正確」答案，或者因爲他們強迫學生共同從事一些毋需小組合作的功課，獨立作業的方式可能還更有效率。最好的小組作業是要能引導學生掌握重大的問題，集體思索複雜、有趣且深具意義的議題，共同腦力激盪以解決困境。大部分的老師發現異質性高的分組方式——考量學習經驗、熟悉程度和推理技能等因素——比較令人滿意。有些老師傾向於讓學生自由選擇小組，因爲它比較符合由學習者掌控自我教育的觀點。「我提出非常複雜的問題，然後告訴學生哪些參考資料可以幫助他們思索，」一名社會科學的教授告訴我們：「但是我又允許，甚至鼓勵他們分攤資料來源，以互相闡述的方式完成閱讀工作。」我們發現，小組合著論文的方式並不受青睞；不過，許多研究對象確實會要求（或鼓勵）學生在資料和觀念的吸收上彼此支援，最後再各自交出個人的報告。

在一個小組運用非常成功的案例中，教授發給學生四篇舊生論文的引言，告訴他們其中兩篇獲得很高的評價，另外兩篇則獲得 B- 或更低的成績。他要求學生先各自讀完這四篇引言，然後再經由小組討論，決定優劣之順位，並解釋原因：「清楚說明評判的標準，為什麼你們認為這是好的作品，而那只是平庸之作。」

十五到二十分鐘後，教授聚集全體學生，叫各組報告結論和理由，並將之寫在黑板上。然後，他再把自己排列的優劣順序以及（最重要的是）裁定標準公佈出來，並與同學的結論和判準相比較。過程中，學生先溝通彼此的理解，然後再與老師交換心得，試圖掌握他們意欲加入之學習社群的主流想法。

為了讓課堂討論順利進行，卓越教師通常會以某個問題起頭，要求學生在開口之前先花幾分鐘的時間整理思路，把想法或解決問題的方式寫在紙上。然後叫他們跟鄰座的同學兩兩交換意見（「先思索再成對」），課堂自此進入對話的狀態。再過幾分鐘，老師會叫學生進行兩對之間的討論（「思索／成對／四人一組」）。最後再把全班聚集，進行完整的討論：要同學把彼此探究的想法提出，指派一或兩個小組報告並辯護結論（「思索／成對／四人一組／全體分享」）。我們發現，這種方式無論在二十人的小班或兩百人的大班都可以適用。印第安那大學的化學教授瑪西・唐斯（Marcy Towns），在諾大的班級中活用此法，激發學生討論隱含重要概念的問題；蘇海爾・漢納利用這種技巧，引導學生學習寫作；保羅・特拉維斯則以非常類似的方法，探討攸關歷史證據與詮釋的問題。

有些教師藉此進路催化學生的討論；有些教師則在講演當中，夾雜相同類型的技巧，增加彼此之互動。⑨在人數衆多的班級採用「思索／成對／四人一組／全體分享」的方法時，他們或許會先區隔成好幾個小組，分散於大型演講廳的各個角落；等到一連串的小型對話進行之後，才建立大規模的討論。

如果促成優質討論的第一個法則是：讓學生有機會整理思路（也許是用筆記錄下來），並在對全班發表意見前，先跟鄰座同學交換心得；那麼，第二個重要的原則就是：早點讓所有學生都參與其中。在威斯康辛大學（University of Wisconsin）教授環境法規的阿瑟・麥艾佛（Arthur McEvoy），採用了一種特殊的技巧。在小型的研討課程當中，他要每位學生圍成一個圓圈，然後依序用一分鐘的時間發表看法。

「讓學生坐在那兒不發一語愈久，」一名教授告訴我們：「就愈難帶領他們進入討論。」唐・薩利在數學課程進行之初，總是先詢問那些「看起來比較勇敢，隨時準備跳入戰局」的學生。薩利表示，這可以由學生的坐姿和眼神觀察出來。「你要怎麼解決這個問題呢？」他把下巴靠在一隻手上詢問，擺出羅丹（Rodin）雕像「沈思者」的模樣。「藉此傳達出一種沈默的訊息：我正在等他們的答案。」在課程開始的頭幾天，薩利會從兩百多個人當中特別留意害羞的同學——那些逃避老師目光、直盯書本或地上、彎腰斜坐的學生。「我試圖幫助他們感覺自在一些，」薩利如此解釋。「我會在上課前，找機會跟他們輕鬆地交談；多瞭解他們之後，再叫他們發言。」

很多高效能教師都跟薩利一樣，會點選學生發表看法，而不是被動地等待他們加入討論。不過，處理的方式相當謹慎。正如蘇珊・維特歇爾所喻，他們詢問學生比較像是在餐桌親切交談的氣氛下進行，而不是法官式的質問，或非致人於死地不可似地窮追猛打。薩利輕鬆幽默的態度——始終帶著發亮的眼睛，微笑迎人——幫助學生消弭緊張。

他的「沈思者」姿勢、遊戲探險的感覺，以及不隨意評斷的傾向，創造出愉悅友善的解題氛圍。一般而言，學生不擔心犯錯，因爲在集體奮戰的過程中每個人都會發生錯誤，而且他們知道薩利看待理解比做對答案來得重要。「我告訴學生，整件事情不過是由學科力量支撐的普通常識，」他解釋道：「這樣可以鼓勵學生大膽思索，嘗試各種可能解答問題的方式。」

相反地，許多成效不彰的老師似乎在玩「猜猜我在想什麼」的遊戲。遊戲中，永遠都只有一個正確的答案。有些同學頗擅此道，但其他人則顯得畏縮，因爲害怕出錯，所以拒絕參與。

課堂討論的成功，主要是因爲學生可以在彼此及老師之間自在地交談，也因爲對話是在先前提及之「自然性批判學習環境」中進行的。我曾經論述，好的授課必須包含自然批判學習環境中的五個要素，而優質討論的情形也是如此。讓我們先看看出現於案例研究或以解題爲基礎之課程的問題類型。

指導案例研究的卓越教師通常會先提出這樣的問題：我們面對的關鍵問題是什麼？我們想要解決什麼？（在此，或許可以採用「發言前先整理思路」、「先小組後整體」的討論進路）。接著再詢問個案中的關鍵事實或解題要件：我們必須知道哪些尚未探知的事情？最重要的定義與概念是什麼？他們也許會先指定一位同學說明，然後再請另外一名學生綜結前者的論述。

藉由探索性的問題，讓學生處理理解、應用、分析及綜合上的一般性議題、並進而領悟其意義之後，卓越教師開始激發想像。有什麼好的解決之道？可能性有哪些？在此階段，講者可能聽到各種相互衝突的論調，甚至包括嚴重牴觸科學學術觀點的想法（換句話說，學生很可能會出錯！），但也畢竟獲取了學生的思想。或許最重要的是，他們讓學生把自己的想法攤到檯面上供大家檢視。

下一步，卓越教師刺激學生進行觀念性的評估。我們考慮了哪些解決方法或觀念？我們如何比較它們？接受這種詮釋、解決方法或進路的引申意涵是什麼？獲致的結果是什麼？你能否推衍出暫時性的結論？最好的解決方法或觀念是什麼？爲什麼認爲如此？你淘汰了什麼方法？又爲什麼呢？

最後，卓越教師會問一些結論性的問題：我們從這兒學習到什麼？我們需要再探知些什麼，才能驗證或拒絕假設？結論的引申意涵是什麼？什麼問題尚未解答？我們該如何解決那些問題？

我們在各個學科與情境當中，都觀察到這種教學進路或類似的技巧。有時候，對話是環繞在案例研究；但也有可能發生在某個問題、某組隱含重大議題的閱讀資料、某場講演，或甚至某種所有學生共同面對的實驗或經驗。對於某些領域而言，議題通常是概念性的（要怎麼理解這方面的發展？）或詮釋性的（這段文字的意義何在？能否引申更寬廣的議題？）對另外一些領域而言，問題可能環繞在因果關連（比如歷史課程），也可能比較偏重於臨床、應用層面（比如醫學及工程學科）。

研究對象中，有人將此技藝運用在比較形式化的討論，有人則偏好隨意性的交談。舉例來說，史丹佛大學的醫學教授山繆・勒拜倫（Samuel LeBaron）便相信，學生在非正式場合中不用受到論戰遊戲的束縛，比較能夠清晰地思考。他找到了一句強而有力的開頭語「在我們正式開始之前」，藉此創造「課外的」情境，讓同學沒有壓力地討論各種問題。「在上課之前，我發現自己背部十分疼痛，無法有效去除。」聽了老師的抱怨，學生開始七嘴八舌提供建議，老師再悄悄地追問建議的理由與根據，很有技巧地將日常問題移轉到深度思考的方向。於輕鬆的情境中，老師引領學生從探視疼痛進入證據判斷的課題，並深究其中之意涵。

當然，沒有人單靠充滿活力的聲音、良好的麥克風設備、適切的手勢、高貴的意圖，以及炯亮的眼神，就能成就偉大的教學——雖然那些都很有幫助。有位教師叫我們設想「建構良好的房子與外在粉刷工作之間的關係。」結構的基礎、設計藍圖，以及整體的建造工程，才是眞正決定房子品質的關鍵。偉大的教師不僅僅是優秀的講演者或誘發討論者；更重要地，他們還是稱職的學者和思想家，從學習的角度導引自我及學生的智識生活。他們注重外在表現的細節乃源自於對學習者的關切，整個心思的焦點仍舊放在學習過程的本質，而非講者自身的表現。

# 6 好老師如何對待學生？

我們研究的案例當中，有一名數學教授遇到一個在微積分的學習上出現困難的學生——或者說，至少表面看起來是如此。這個學生的小考表現其實相當不錯，但是一碰到重要的大考，成績就慘不忍睹。雖然如此，他絲毫不曾放棄，反而善用機會參加額外的學習活動，與同學進行小組討論，共同研習問題，盡其所有努力認眞學習。然而一切心血似乎仍屬徒然，他還是不能通過任何一次的重要考試。課程逐漸進入尾聲，學生陷入的考試焦慮亦日趨嚴重。

到了學期末，所有學生都要面臨一場任課教授並未參與出題的系期末總測驗。就在考前一天，這名學生來到教授的辦公室，討論微積分的問題。一開始只是隨便聊聊，但逐漸步入主題之後，教授顯得愈來愈投入。他開始問學生：「你瞭解了嗎？」學生每次都給予正面的回應，於是他就要求學生予以解釋。過了一會兒，他開始要學生在辦公室裡的黑板上說明基本概念，並試著解算一些非常困難的問題。教授整整花了將近兩個小時，幫助這位年輕人複習微積分，提出問題，然後讓學生自己進行大部份的思考與闡述。很顯然，學生對微積分的瞭解程度，遠遠超越他在大考時所表現出的成績。

經過兩個小時的努力，教授告訴學生：「你剛剛經歷了一場微積分的口試，我不能確定你達到的等級，這還要再進一步研究，但是至少你已經通過這門課。」學生問他是否仍須參加隔天的考試。「哦！我不知道，但是何不放鬆心情隨便考考？」教授不經意地回答。於是學生也照著做，結果不但通過考試，還得到了B+。

這位教授還曾經碰到一名女學生，在學期開始沒多久就來到辦公室，找他簽名核准退選學分。「哦！妳不能退選，」他帶著戲謔性的微笑告訴學生：「因為我們不允許好學生離開班上。」但是，學生卻向他抗議，認為自己不算是好學生。教授收起笑容，認真地詢問狀況，在接下來的一個小時裡，聆聽她在微積分所碰到的困難。此刻，教授扮演起蘇格拉底的角色，耐心又仔細地提問，幫助她釐清重要觀念的理解，帶領她通過這趟智識旅程的難關。結束後，學生的心中仍然有些忐忑不安，但終究同意繼續修習。接下來的幾堂課，教授持續關注這名女學生，幫助她建立信心。之後，無論是小考或大考，她都有顯著的進步，並且在期末總測驗時表現優異，取得了A的成績。

我們從傑出教授的學生口中，聽到太多這類型的故事——認眞的教育工作者，是如何付出心力，爲學生做出特別的事情。我們或許可以將此單純地歸因於人格的善良，才會讓有愛心的老師特別關注學生的狀況，但這樣的結論並不能解釋所有的故事。甚至，有時候還會產生誤導，以爲其他老師就不關心學生。確切一點而言，我們發現有些教授對修課同學的福利和教育絲毫不在意，但是也有許多成效不彰的老師其實是關心學生的，只是他們對待學生的方式與卓越教師不同——而且較無效率。因此，我們必須探究，這些好教授對待學生的方法和觀點，是否有何特殊之處可用以解釋其成功？

在回答這個問題之前，有一個我們不曾注意的關鍵：人格特質對教學成功與否其實沒有什麼太大關連，這跟衆人秉持之信念似乎大相逕庭。我們遇到的好老師，有的羞澀，有的大膽，有的壓抑，有的誇張，什麼樣的特性都有。許多人具備強烈的攻擊性，言辭咄咄逼人，雖然避免敵意和恫嚇，但態度上顯得非常堅定；不過，大多數都還是比較拘謹而不好鬥。有些老師與學生的互動保持比較正式的型態，有些老師則完全打破師生間的社交壁壘。我們無法從指導者的穿著風格或師生間的稱謂習慣，找出任何共通的模式。在一些教室裡，直稱名字是很平常的；但其他地方，卻只會出現姓氏和職銜。

然而我們確實發現，有一種精巧的信念、態度、概念和觀點模式，隱然存在於卓越教師對待學生的方式之中。單就模式本身，並無法完全轉變效率不彰之教學；但是如果將成功教師看做是一個群組，他們確實比成效較爲低落之同僚更接近這套模式。

或許介紹這些模式的最好方法，是拿來對照其他教授的態度及行爲，而這些教授是被摒除在研究計畫之外的，因爲他們的課並不能帶來太好的學習效果。讓我們把一些範例綜合看待，拼湊出一個假想的圖像，姑且稱之爲「沃爾夫博士」(Dr. Wolf)。綜合圖像背後的教師成員，有男有女；爲了強調性別並非影響此類行爲、態度和概念的重要因素，所以後文之代名詞會以兩性稱呼交替使用的方式進行。

在每個案例當中，我們都會先聽到一些關於沃爾夫教授的正面消息，於是著手收集有關他或她的教學資料。許多學生會以「精彩」二字形容其授課情形，並且表示課程改變了他們對相關主題的思考方法，激發過去不可能想像的智識見解。但是，當我們更進一步檢視這位「沃爾夫」教授所獲得的學生評鑑，卻發現叫人困擾的型態。幾乎每一個班級，都有百分之二十到五十的學生給他最低的評價。當然，單就這份資料而言或許還不打緊；不過，等到我們開始訪談這些給予老師低評比的學生時，發現他們確實感到非常憤怒而沮喪。

這種情況很容易被輕忽，因爲我們可能傾向認爲是學生自己不認眞學習，而又碰到沃爾夫教授不肯通融放水才有的結果。可是事實似乎並非如此。許多提出批評的學生，擁有優異的學業記錄，而且向來都很用功。於是我們進一步探訪，發現了更麻煩的情形。學生們一個接著一個訴說該名教授的不是：狂妄自大，不關心學生，喜歡在上課嘲弄同學，炫耀過去被她當過的學生有多少，而且訂定的課業要求既嚴苛又不合理。甚至有些提出讚美的人，也不免提及她在課堂裡傷人的事蹟。

隨著訪談故事的增加，某種一致性逐漸成形。沃爾夫教授，如某人所形容，是個「控制狂人」，他要讓學生知道他懂得很多，而學生懂得很少，並且喜歡展露他對學生的生命握持了多大的權力。「他想要掌控所有事物，」一名學生告訴我們：「試圖壓制任何一個可能的威脅。」

在課堂上，教授不太願意回答問題。她對學生間的互動充滿了鬥雞式的性格，以某個問題爲誘餌，找學生展開智識上的較量，直到贏得勝利爲止。她最喜歡做的事情，就是先誘導學生往特定方向思考，然後再把事先精心計畫的相反論點搬出，倨傲地將學生徹底擊倒。所有事物彷彿只是爲了滿足她的需求和慾望，正如一名學生所言：她就是「想要成爲課堂秀場的超級明星。」

對於沃爾夫教授給予之評論或回饋意見，學生們也都有類似的觀點：「我覺好像受到審判後被一腳踢開。」「他似乎可以從學生的愚昧之中感受愉悅。」根據學生所言，他雖然願意在排定的辦公室時間（office hours）會見學生，但眞去找他時，他通常卻只站在門口討論問題，好像在說：「好吧，就這樣，你可以走了。」或者，有時候在辦公室裡戴著墨鏡，兩手交叉在胸前，一副心不在焉的模樣；當學生請教問題時，他會持續用手指敲著書桌，隨便應付兩句。

很極端的例子嗎？或許吧。但是所有描述，確實是某位沃爾夫教授的寫照。學生對老師的關係是卑躬屈膝的，只期盼他們做好被告知的事情，而教授則在課堂上揮舞著成績和學分的巨棒。教室提供了老師權力演練或展現光芒的機會（或者兩者皆是）——有時候，學生的利益卻因此而犧牲。

相反地，我們研究之卓越教師，向學生展示的並非權威，而是關懷與付出。所有實際行動都來自於對學生學習狀況的關心，再加上良好的溝通管道，讓學生能夠強烈感受到老師的誠意。「尤其重要的是，」珍娜特．諾丹論述：「我們的教學必須傳達出對學生的投入，所做所爲皆出於誠摯之關懷，不僅對學習進程，也對學生個人的發展投注心力。」沒錯，課堂中還是存在一定的法則，而且有時候規則也是非常強硬的（比如說：諾丹就堅持所有修課的同學，都必須參加每一次的「人性時光」，不得缺席）；不過比起其他課程，這些要求顯得精簡許多，並且通常源自於一種雙方的約定——不，應該說是老師和學生之間強烈的信賴。在這種關係下，老師可以有效傳遞底下之訊息（正如我們研究的一位對象所言）：「我會盡全力協助你們學習並發展能力，但是你們必須決定是否願意參與這樣的經驗。一旦決定加入，有些事就是必定得做的，並讓它對你自己和其他成員產生助益。」

傑出教授知道，規則本身並不構成學術或藝術的標準；因此，規則是可以因個人需要而改變的，但成就的標準卻不行。讓我們以本章開始的故事爲例，稍作思考。對那位數學教授而言，處理班上所有學生事務時（包括那位有考試焦慮的年輕人在內），有兩項主要的考量：他想要幫助學生學好微積分，以及他必須知道學生是否眞的學習到了。聽起來似乎是很合理又普通的考量，但卻有很多教授不認爲有什麼重要。當我們將這個故事和其他類似案例告訴多位研究計畫之外的教授時，發現他們大多只關心學生能否在微積分的考試獲取高分，但這不必然等同微積分之學習。正因爲**考試中**的表現——而非微積分的眞正學習——成爲教育的目標，他們多半堅持所有學生都必須通過同樣一道門檻。依其觀點，公平正義不需要考量個別學生的特殊需求。於是整個過程變成一場加減分數、判定輸贏的遊戲，要如何幫助學生成就目標、如何準確評估學習成果，已經不再重要。

拒絕使用權威，需要建立強而有力的信任關係。「我在教學當中覺得最重要的面向，」一位講師告訴我們（許多研究對象都有類似的論調）：「就是我和學生之間發展出來的信賴關係。」這種信任代表著老師相信學生的學習意願，而且除非有確切明証，也假定學生是有能力學習的。我們從大大小小的實例當中，可以明確感受到這樣的態度。從此衍生出一種高度的期望，以及遇到問題時反躬自省的習慣，而非一味責怪學生能力之不足。

「我希望對課程使用者展現友善的態度，」一名管理學院的教授告訴我們：「因爲我殷切期盼學生能夠學有所得。如果他們學習失敗，那就表示我不是一個成功的教授。」

如果教師老是提防學生耍詐，那麼所謂的信任將幾乎完全不能發生作用。有些教授因爲擔心學生可能欺瞞教學系統，在教學工具的選擇上就顯得格外受限；但是高效能的教師卻把這類顧慮拋在腦後，自由選擇能夠助長學習的方式。比如說，他們可能採用在家測驗的方式，而其他同事則不願意這麼做，因爲深怕學生找槍手代工。最重要的是，我們探訪之成功教師都顯現出信任的特質，因爲這原本就是他們整體態度與概念中的一環，而他們對學生的看法，也完全可由師生之間的接觸表達出來。這樣的信任，明顯地與任教之學校和學生的本性無關。無論是在入學政策寬鬆或嚴格的學校裡，我們都可以從高效能教師的身上看到上述特質。相對照之下，任何地方也都有欠缺信賴感的低效能教師，他們相信殘酷的學術之神，在班上盡留一群既懶惰又反智的庸才。

一般而言，能和學生建立起特殊信任關係的教授，也都秉持一種開誠佈公的態度，經常與學生談起自己的求知歷程、雄心壯志、成就、挫折與失敗，同時也鼓勵學生進行類似的內省和坦白。我們的研究案例當中，許多老師會提及自己爲何進入該領域的故事，疑惑是如何在心中激盪的，而這些疑問又如何引領他們進入另一個領域，最後鼓舞出現在的智識生活。他們和學生分享自己的學習技巧和心得，如何記憶、類比，進而建構自己的認知與理解。諸如此類之公開告白，絕不會成為光榮戰績的展示——這樣根本激發不出任何活水——反倒是經過慎重而明智的安排，引導學生從事類似的討論。「當我聽到教授訴說，她第一次接觸化學時所遭遇的種種困難，」一位來自賓州的年輕女性告訴我們：「這帶給我一定要學會的莫大信心。我過去總以為教授的智識是與生俱來的，因為很多人都是這樣表現的。」

「我們之中大部份人的問題是，」克瑞格・尼爾森如此論述：「在教學過程裡儼然像是個神。所具備的一切知識，絕非偶然。」

信賴和開放的態度自然形成一種互動的氣氛，學生提出任何問題時，都不會感到丟臉或困窘；在這種環境下，各式各樣的看法和理解方式，都可以被自由地討論。一名社會學者告訴我們：「在我的班上，不會有所謂笨問題這種東西。」從開學第一堂課起，他就提醒學生：不管是任何問題，只要你願意提出來，其他人都很可能會感激你。還有位老師強調：「我試著讓學生感到輕鬆，而且可以盡情地對我和其他人質疑，再大的挑戰也不會產生彆扭。」「我的學生彼此相互學習。」另外一名教授指出：「沒有人是什麼都懂的專家，所以我們都可以從班上同學的集體見解中學到東西。」

「每個人都能提出獨特的貢獻。」保羅・貝克強調：「我希望學生都能夠明瞭，世界上沒有其他人能夠取代他們帶到班上的個別經驗，以及肢體上的化學感覺。每個人都有特別之處，也都有屬於自己的原創性見解。」①

伴隨著信任和開放態度而來的是，大方且頻繁地展現對生命的敬畏與好奇，而這也再度影響了師生關係的互動。好奇心，總是最能在謙卑之人身上發現。他們雖然知道，自己的學識遠遠超越學生，但也同時明瞭還有很多東西是自己不明瞭的；而且，如果將其成就置於天地萬物之中，微不足道的程度其實與學生相當。任教於西北大學凱洛格管理學院（Kellogg School of Management）的大衛・貝森科（David Besanko），經常將自己的教學成就歸功於「我是多麼地遲緩」。他告訴學生和同事，自己必須非常努力，才能搞懂學科中所使用的重要概念，而這種奮鬥過程讓他更加瞭解別人可能會遭遇的困難。

在其他研究對象的身上，也可以看到類似的謙遜。他們將自己視爲廣闊生命的學生，四處尋覓，只爲窺探「眞理」的一小部份。他們經常談起，和學生一同步入旅程，尋求更深入理解的經驗，或者告訴我們，藉由學生開展之見解，進而提升自身智識能力的故事。當許多同事瞧不起學生奮力學習之際（「我完全不能容忍傻瓜！」一位曾任職院長和大學校長的人士，很喜歡把這句話掛在嘴邊），最優秀的老師總覺得在人類求知的歷程當中，他們和學生之間有著密不可分的連結關係。他們甚至從自己的無知挖掘出力量。哈佛大學的諾貝爾化學獎得主達利·赫許巴哈坦言：「在達到一種理解事物的新境界之前，你必然是迷惘的。」

在很多學科中，特別是科學，某些研究者會自認為像是傑瑞·法博（Jerry Farber）許久以前所形容的「奧妙神祕之大祭司」，沈溺於一場以自我為中心的遊戲，彷彿自己擁有特殊的魔力，而學生只能在旁欽羨卻無法獲取。他們似乎要灌輸學生一種「迷惑性的退化機能」（套用一名研究對象所言），讓學生覺得「只有聰明人才能理解這些東西；如果你們聽不懂我講的，那就代表我比你們聰明很多。」這樣的態度造就了許多受訪學生描述之「最糟糕的」老師，三不五時表現出高人一等的優越感，但又缺乏良好的溝通能力。一名學生表示：「她是那麼地才華洋溢，遠超越我之上，但終究無法把智識拉回到我們的層級。」依照法博的說法，學科對這類型的教授而言，「就好像學術專業之競技場，能夠徹底展現自我的總帳冊。」②

對照上述態度與行爲，赫許巴哈談論起自身領域的方式截然不同（我們的研究對象多半類似於後者）。這位知名的化學家觀察到，在許多初階的科學課程裡，學生往往把眼前所見當成「生硬的定律」，必須反覆地記憶與套用。然而，「眞正的科學，並不會太在意所謂正確的答案……在科學之中，你擁有其他人類事業比不上的優勢，因爲你所追求的——稱之爲眞理或理解——總在前面耐心地等候，儘可細嚼慢嚥，不用著急。」他提到面對大自然，不斷嘗試錯誤、探尋道理的謙遜經驗。「自然界運用了許多人類聽不懂的語言表達眞理，」他說：「而科學家所要做的就是將這些奇異方言一一解密。」科學家若有任何進步，也是「因爲大自然不會改變，而我們又持續努力，一再嘗試。原因不在我們比較聰明，而在我們的固執。」

赫許巴哈的說法，清楚描繪了卓越教授看待自己與自身學科的方式，是如何與對待學生的態度產生關連。他和其他學者不再是崇高的祭司，自私地守住知識王國的殿門，好讓自己顯得格外重要。相反地，他們只是平凡的學生——不，應該說是平凡的人類——奮力探索宇宙、社會、歷史發展或其他各種事物的奧祕。老師和學生一樣，充滿了無知與好奇，熱愛生命和美麗的事物，存在天地之間抱持著又敬又畏的心情；從這些關連，他們在多數學生身上找到更多相似而非相異之處。一種對廣闊世界與人類現況之敬畏感，成爲師生關係的主要核心。

最重要的是，這種對未知事物的謙虛、畏懼和崇敬，讓卓越教師悄悄地產生一種堅定的信念，覺得可以跟學生一起奮鬥，成就偉大的事業。在浩瀚學涯中，他們對於自己有限的成就，以及人類抵致之任何劃時代的貢獻，都充滿著敬意。他們相信自己在學術上開創的成果，主要源自於毅力而非特殊才能；不過對於任何一項人類成就的事業——包括學生完成的任務——卻依然抱持高度的讚嘆。這種混合謙遜與驕傲、懼怕與決斷的情感，最能明顯表現在他們面對教學失敗的方式。

「當我的教學失敗，」范德比爾大學的哲學教授約翰·藍區（John Lachs）告訴我們：「那一定是因爲我哪裡做錯了。」如何看待和定義缺失，也突顯了藍區和其他卓越教師的特殊想法。許多教授從不認爲自己的教學有任何問題，或者即使有，也不大可能修正彌補，因爲「偉大老師是天生而不是後天造就的。」相反地，高效能的教師如果不能探觸或改善學生狀況時，總會反躬自省，探尋問題之所在；在此同時，他們也會試著不受失敗影響，堅定相信只要更努力，應該就能解決問題。

當然，他們有時也會對學生感到失望並表現出不耐煩，但因爲他們願意面對教學上的失敗，而且相信自己有能力解決問題，所以不會升起防衛之心，或對學生築起一道牆來保護自己。他們的做法是，嚴肅而認眞地看待每一個學生，就像對待同事一樣，抱持公平、同情和關心的態度。這種態度除了反映在授課的內容、方法，以及評估學生的方式之外，也同樣表現於他們試圖瞭解學生生活、文化和抱負，以及積極安排與學生課外會面的心意。

德芮克・貝爾（Derrick Bell）於一九六〇年代，開始在哈佛大學教授法律。到了一九七〇年代初期，成爲第一位獲得該校法律學院終身職的非裔美國人。一九八〇年離開哈佛，前往奧瑞岡大學（University of Oregon）擔任法學院院長，不過五年後，又回到麻薩諸塞州，因爲他覺得西岸的同事在教職上對一位亞裔女性給予不公平的考量。一九九二年辭去哈佛的終身職，這次則是爲了抗議校方在聘用有色人種的女性上缺乏進展。之後，他進入紐約大學，擔任客座教授的職位，一年一聘，維持了許久。

這些年來，貝爾一直在憲法課程中實驗新的教學方法，利用一系列引起重要憲法爭議的假設性案件，來建立學生的學習經驗。他將每個案例寫成簡短而逼眞的故事，其人物生活牽連到我們該如何理解憲法的問題。貝爾深諳遣詞用字，以及如何由故事引發議題的技巧；他在一九八〇年代和一九九〇年代，就曾經撰述一系列的寓言故事，其中一部還於一九九四年被HBO改編成電影。那些寓言故事，基本上是環繞著一位名叫佳妮娃・格林修（Geneva Crenshaw）的女英雄；至於憲法課程中的假設案例，寫的則是有關平民百姓如何遇上平等保護和家庭權益的議題。在此同時，他也鼓勵學生去寫類似的故事，更加豐富了上課援引之假設性的題材。每一段故事，都蘊含著重要的憲法問題。

修課學生雖然要念很多教材資料，但是這種假設案例才是整個學習環境的核心，能夠吸引學生認眞思考攸關自由、正義、憐憫、公平和正當程序的問題。故事引發爭議，迫使學生陷入理智和情感之間的拔河。學生的學習來自實務操作、司法審議的參與、撰寫報告、交換意見、論述案例、爭辯與決議，以及獲取老師的回饋意見等等。「這種『參與式之學習』的課程結構和期望，」貝爾對學生的開場白如此表明：「是全然不同於一般規範的。」學生得仔細研讀所有資料，上課時要與另外兩、三位同學合議某特殊案件；教室變成了一個大型的法院，由學生相互質問、辯論，最後還投票裁決假設性的結果。

貝爾希望學生能從過程中學到所有的細節；對他們的學習而言，沒有什麼是完全無關的。

在語言的使用上，貝爾給學生一種強烈的自我操控感。他所要求的一切事情，都伴隨著正當的理由及適切的說明，而且也都與學生的學習息息相關。當他於學期初指定學生挑選假設案件時，會再三提醒他們整個過程將有助於教材內容的複習與整理。提到專題報告之撰寫時，他表示「學生將有充分的機會」張貼八至十篇的文章，「除非他們擁有強烈的動機」要發表更多。對學生不做最低標準的要求，反而強調儘量「別超過」十二篇；但是如果需要，可以在網路的討論區發表額外的評論。

他邀請學生進入學習者的社區，對意見交流和相互教育做出貢獻，有時候也會提醒他們身爲社區公民應盡的義務。「這些評論文章，」貝爾說：「是課堂學習過程中極重要的一環，它們應該及時被發佈，以配合下一堂課可能進行的討論。」「報告之延遲，」他強調：「將損害其他同學的利益。」「在網頁上發表評論，」他提醒學生：「可以讓你的觀點傳遞給每個人。」至於品質上的要求，學生應該問自己：「我是否介意讓這樣的文章出現在報紙上？」

早期教學時，他會要學生把評論心得印在紙上，但現在網際網路之盛行，更助於意見交流的便通。學生可以把作品張貼於網路，然後相互回應看法。「這就是本課程的眞正核心，讓學生實際闡述意見，並迅速得到迴響。」貝爾說：「我是不加入戰局的。」在課堂上，由學生針對網路文章進行一個小時的討論，過程中貝爾僅在座位上傾聽，偶而加點評論或提些問題。他表示，經由網際網路及課堂上的討論，確實提升了「知性理解的層級」。

貝爾對學生的生活、生涯規劃及發展，投入了高度的關心。強烈的使命感表現在他爲學生做的每一件事，包括搜羅整理網路資源，提供課堂筆記，精心規劃假設案例，安排學生相互支持，給予適切之回饋意見，以及塑造良好的的學習環境等等。他還挑選了幾個上屆的優秀學生，幫助班上同學撰寫答辯狀和法官備忘錄。除了自己爲學生的努力提供意見之外，也安排進展較快的同學做相同的事情。期末的成績評估，包括一項關於他們整體作品的書面備忘錄。「學生的反應極佳，」他告訴我們。「我所面對的挑戰是，如何設計一個妥善的課程架構，讓學生有機會相互指導，包括課堂上的資料以及彼此的生活觀點。」

對學生之投入，也表現在貝爾改進課程的努力和喜悅。即使經歷了將近四十年的教學，他仍然定期打電話到教學中心，尋求工作上的建議與批評。「我就是法學教授中的華特・奧斯頓（Walter Alston），」貝爾如此自嘲——華特・奧斯頓乃布魯克林道奇隊（Brooklyn Dodgers）的傳奇總教頭，以單年合約爲球隊效命長達二十年。「我立志追上奧斯頓的紀錄。屆時，我的年紀已經八十一，希望身體還撐得下去…他們必須用趕的，才能讓我離開工作崗位。」

最後一提的是，貝爾對學生完全以禮相待，表現出端莊的氣質與態度。課堂的大部份時間都屬於學生，但在每節課一開始時，他會花幾分鐘和學生談談彼此的生活，分享一些個人的經歷。偶爾訴說關於家庭的事情，此時稍微模糊了專業和私人事務的分界。他經常傾聽學生的看法，即便有不同意見，也會以問題的方式表達，而非直截了當地說學生是錯的。

課堂結束時，貝爾會集合當天負責案件的小組一起拍照，並引領學生擺出生動的姿勢，滿懷關懷和愛心，就像是畢業典禮中充滿驕傲的父親一般。拍完照後，他會帶著小組成員前往位在格林威治村（Greenwich Village）的一家小義大利餐廳吃飯。晚餐進行當中，他和每位學生天南地北地聊天，進一步瞭解他們的生活與抱負，讚美他們的成就，分享他們關心的事物，並延續課堂熱烈討論的話題。

有位曾經參與晚餐的學生告訴我們：「某個星期天早晨，我和老婆一起在鎮裡散步。經過紐約大學法學院時，我告訴妻子：『德芮克・貝爾在這裡教書，我很喜歡追隨他學習。』妻子以敦促的口吻說：『那你何不提出申請？』我照做了，結果也順利進入法學研究所，那是一種美夢成眞的感覺。他的心靈如此敏銳，對學生又如此親切。關懷和敬重學生的態度，叫人永遠懷念。」

# 7 好老師如何評估學生和自己？

三十多年前，我教書的第一個學期接近尾聲之際，開始在腦中設計期末考題。在排定的日期前幾天，我和幾位同事討論該出些什麼樣的題目。我們利用午餐或下午茶空檔反覆研究，設計能夠吸引我們自己，並保證混淆學生的靈活考題。果不期然，大部分的同學都被難倒了。訂定高標準來敦促學生加快腳步，似乎是個冠冕堂皇的理由，至少當時我是這麼想的。

然而事實上，這樣的考試幾乎無法反應出學生個人或智識上的學習成果，對教學上的評估也不具太大的參考價值。最遺憾的是，反倒鼓勵學生進行取巧之策略性學習，而非深入的思考。它所強調的，只是複製老師上課的內容，而不是運用概念和資訊的推理能力，甚至很可能讓學生把精神專注於考題的猜測。

就像許多其他老師一樣，我沒有瞭解到，測驗和評分並不只是伴隨教學結束而來的附屬品，它應該也是教育過程中的重要一環，對幫助與鼓勵學生學習有莫大的影響力。缺乏適當的評鑑，不論是老師或學生都無法探知學習的進程，而指導者也無從了解自己的努力是否適合學生及設定之目標，甚至很可能在不知不覺中傷害了一切有益於營造最佳學習環境的條件，進而助長膚淺的策略性學習。

很不幸地，許多傳統的測驗與評分手段，甚至有些新近的教學評估方法，成效不彰，卻又未能探知其中的缺失。傳統打成績的方式——我們稱之爲學業鑑定——經常陷於次要考量的泥沼，對於眞正的學習沒有太大關連。許多考試或許可以探測出學生通過某類測驗的能力，但卻不能反應學生思考的方式（記得前面提到的物理課學生，即使能在期末考表現優異，但對運動的觀念卻還停留在前牛頓時代）。在此同時，如果討論起要如何鑑定教學品質——我們稱之爲教學評估——又多半把焦點環繞在學生問卷格式的優劣。往好處想，它們透露出老師的授課方法是否爲學生所接受的訊息，往壞處想，它們像是手舉白旗地投降，宣告實質的教學評鑑根本無法做到。

反過來，我們發現那些破除傳統的教授，打造了全然不同之學業鑑定與教學評估的方式，爲長久以來的相關爭論提出解答。不用驚訝，他們與書中反覆提及的那些卓越教師正是同一批人。學業鑑定與教學評估在其手中變成緊密連結的共同體，以增進學習爲旨相互支持。當他們在評鑑學生的同時，也測試了自己的努力是否眞能助長學習；而當他們評估自己的教學時，主要也是觀察學習目標與成果。

## 評鑑學生

優秀的老師利用評鑑來幫助學生學習，而不只是打分數、排名次。達利・赫許巴哈告訴我們：「我要幫助他們學到屬於自己的東西，這樣才能成爲更優秀的學習和思考者。至於分數的加減計算，像是出納的工作，我沒有太大興趣。」考試和作業是讓學生瞭解自己學習成效的工具，同時也有助於教學上的評估。「我藉由每次考試，」珍娜特・諾丹解釋：「來知道自己幫助學生學習了多少。如果發現廣泛的誤解情況，我就會設法『重教』那些內容。」

許多傳統觀念較重的老師，往往把成績之評定看成是（正如一名教授所言）「區分綿羊（好學生）與山羊（壞學生）」的方法。然而，他們並不認爲「山羊」之存在或許反應出教學能力的偏差，更別說對其教育、學習及評鑑的觀念產生任何意義。對他們而言，學校教育主要是去分辨和尋找最好、最優秀的學生，而非協助所有學生進步成長。「我覺得，」有位老師就曾經告訴我們：「許多同事認爲其主要責任是要挖掘才能，而不是鼓勵才能的發展。」

同樣重要地，無論是學業鑑定或教學評估，卓越教師強調的都是學習本身而非表現成果。讓我們將其與傳統之表現成果優先的想法相比較，就可清楚理解以學習爲基礎的進路。在傳統模式中，學生的成績主要依據他們遵從課程指令的程度來判定。最好的情況下，這些要求可能源自於一些理性的學習考量，但即便如此，指令的過分強調很容易就把原始之理性考量給遺忘了。至於最糟的情況，課程要求可能只是因應教授之便利，而非著眼於學生正當的學習目標。無論如何，在這種觀念下，成績的評定來自於學生依據課堂指令之要求所達成的表現成果。

然而，以學習爲重心的進路中，關切的問題就完全不同了。我們不再枝微末節地詢問，這個學生有沒有在課堂上發表意見、作業是否按時繳交、考試成績如何等等，教授探尋的變成是一種非常基本的鑑定性問題：我希望學生在這門課裡，能夠在學識及人格上獲致怎樣的發展，以及我能收集什麼樣的證據來確認這種發展的本質與進步？

上述問題涵蓋了幾個重點。第一，它假定了學習是種發展的過程，而不是單純的資訊攫取。當學習者開展出新的理解和推理能力時，在智識及人格上也會產生重大的轉變。第二，成績之評定不再是區分高下的工具，而是一種與學生溝通的方式。學習成效的證據或許可以來自考試、報告、工作成品或彼此的交談，但教授試圖強調與溝通的不是分數，而是實際的學習狀況。

「遲繳報告，一概不收／扣分」的政策在學界廣爲流傳，它正是以外在表現爲基準之評鑑進路的很好例證。這種政策的產生，在某些情況或許是因爲老師認爲學生必須養成在截止日期完成工作的習慣（以應付日後專業所需），有些則是因爲在班上的學習社區中，同學相互仰賴彼此作品的支援。然而我們發現，許多學科的學者根本毋需面對截止日的壓力，許多課堂也並未安排學生閱讀彼此的報告，但是相關政策依舊盛行。遲繳報告之處理，經常採用非常嚴格而精準的計算方式，彷彿分數之扣減可以有效內化成學生時間感的程度。在這種方式之下，分數所透露出來的訊息，似乎是準時完工和學科能力同等重要——有時甚至前者還超越後者。施行相關政策的教授，大多不會宣稱準時完工的能力是學習目標之一，也不像德芮克・貝爾，試圖創造相互評論的學習者社區（參見第六章），他們只是因爲不喜歡接收遲繳的報告而已。指導過程中，他們一味強調懲罰性的後果，而不是對其他同學的義務。即使標榜此種政策乃配合既定學習目標的教授，也很少提出事實證據來鼓勵學生養成準時的習慣，或者淸楚告訴學生這個習慣在跨出校園之後依然重要。因此，許多課堂裡的遲繳政策，並不立基於學習上的考量，完全只是要看學生能否遵循指令表現而已。

舉個例子來說，有一名不在我們研究計畫之內的教授，曾經爲學生的報告寫下如此評論：「這是一篇非常有意思的作品，但應該還可以更精緻一些。如果能夠按時繳交，**分數上**便會大幅改善（重點強調是作者自己加上去的）。雖然你的報告晚交了四天，但我決定把懲罰折半計算。」評論下方，還附帶了計算的過程：「B＝84扣減遲繳的20分，應得64＝D」。整個註解，完全與學習無涉，只不過特別強調自己在這場分數的遊戲當中，已經爲學生網開一面，降低懲戒。扣分的計算方式，製造了一種恐怖的氣氛，提醒學生課程的首要目標就是如何累計分數，獲致最後的成績，這恐怕比那一句「可以更精緻」

的鬆散評語來得重要。

讓我們看看另外一門文學課程，每個學生都被要求選讀一篇十九世紀的俄國小說，進行分析，並在課堂上做口頭報告。許多同學都挑選比較短的作品，但其中一位選上了托爾斯泰的《戰爭與和平》。不幸的是，這名學生抽中的報告時間很早，根本來不及讀完這本複雜的長篇鉅著。於是，她找到一位願意更換時間的同學，希望教授能夠允許她延期報告，結果卻被拒絕了。僵硬的課堂規則，反成爲其充滿抱負之閱讀計畫的嚴厲懲罰。

許多卓越教師的想法與實際作風，與上述進路截然不同：他們也希望學生能夠學習在預定時間內順利完成作品，但是他們不認爲運用掌控成績的權力可以助長學習，或者遲繳報告代表的就是學生的怠惰（「一篇報告的遲繳，除了怠惰之外，還有各種可能的正當理由，」一名教師提醒我們。「它的延遲，可能是因爲學生想要追尋更高的目標，或者希望再多花一點心力在上頭。」）。他們相信，外在的威嚇手段，很可能只會製造反效果。

有一些傑出教授，以組織性的引導方式取代威嚇手段，希望能幫助學生妥善地控管時間。其中一名教師，分發七欄二十四列的單週時間表給同學，每一個方格代表一個小時。「你把每一週必須花在課堂、交通、睡眠、休閒、吃飯的時間標示出來，然後看看還有沒有多餘的時間做功課？做功課大約需要花費課堂時間的兩倍。如果挪不出來，就表示這門課你可能無法應付。」許多老師在上課第一天，便會清楚告訴學生每一字母成績（A、B+等等）所代表的意義，並列舉出各項計畫預計完成的日期。「如果你按照進度，確實完成每一步驟，」一名教師對班上學生說：「那麼，你就很穩健地朝向課程目標進展。」如果該繳交的作業未能如期完成，唯一會受到損害的是，老師沒辦法在下一項功課進行之前，先給予一些有用的評論意見。「要是你們必須靠鞭策、威脅的方法才會進步，」另一名老師對學生說：「那麼乾脆由我來控制你們生活中的一切好了。」鼓勵性的策略，其實反倒讓學生遲繳報告的情形減少許多。

很多例子當中，我們發現卓越教師傾向於學習狀況之掌握，而非外在表現的論斷。當然，並不是所有老師都採行相同的作法；不過基本方向是一致的，跳脫傳統，排除教育事業上不必要的障礙。成績對他們而言，代表的不是獨斷規則之遵循，而是學生思考能力的評估。「作品的遲繳，並不會改變內容之品質，」一名教授如此解釋。「難道梵諦岡西斯汀教堂（Sistine Chapel，羅馬教宗專用之禮拜堂）屋上的彩繪，會因為進度延遲而減少它美麗的光彩嗎？」學生在這種考核方法之下，也無法因為善於特定的遊戲規則而增添分數。我們的研究對象，可能採用了不同的方式來激勵學生展現思考力，但是都同樣避免了某人稱之爲「獨斷式的加分規則」——只因爲學生非常聽話地做了某件並不能反應學習狀況的事情，老師就給予分數上的獎賞（比如：準時上網做教學評鑑）。

以外在表現爲基礎之評鑑進路，也可以很清楚地從教授獎勵學生課堂參與的方式觀察出來。一種非常普遍的作法是，只要學生上課開口，就予以加分。我們詢問一些研究計畫之外的教授，爲什麼提供這種獎勵方式，他們多半回答成績是最好的誘因。另外還有些人則認爲，智識上的意見交流是課程學習目標之一，因此參與狀況的評量也是決定學生進展情形的指標之一。

只有後者才比較接近我們研究對象所關切之評鑑重心，其餘的不過是設立一些課堂上的行爲法則，然後記錄學生遵循法則的程度。但是，即使是那些考量智識交流的教授，對於分數之強調，也甚於學生實質的學習與發展。他們打下評斷性的分數，卻未提供建設性的回饋意見。針對每位同學開展出來的智識交流能力，輕而易舉地用一個數字來代表；他們或許會猶疑該賦予什麼數字，以及這個數字應該佔多少比重，但是卻從來不曾想過，量化某人的思想可能產生何種偏誤。許多人言之鑿鑿地認定，把評斷意見化約成數字是比較精準的做法，幾乎可說是「科學的」、「客觀的」。然而，智識性的意義與批評不見了，老師對學生的指導隨之消失——你的言說內容中，這裡是深具價值的部份，這裡是已經發展成形的論點，這裡是有待改進之處。我所謂「精緻成熟的」報告正該如此。

相反地，我們研究對象所採行之以學習為基準的評鑑進路，旨在建構一個能讓學生嚴肅思索重要問題的課程。學生的發言，或許反映出他們是如何切入問題的；但是，卓越教師絕不會單單以此為憑，為學生立下任何評斷。課堂討論是讓學生有機會發表看法，並接獲同僚建設性的批評，不應該用發言次數的計算來判定分數。

## 實務操作

為了讓以學習為基準之評估作業有效進行，卓越教師總是儘可能地探知學生的狀況，「這不是因為要評斷學生，」一名教授解釋：「而是試圖幫助他們學習。」許多老師在學期初，就著手收集學生的資訊——雄心抱負、攸關學習的概念與進路、推理的方式、既存之心靈模型，以及佔據其注意力的日常事務等等。戲劇系的保羅．貝克，想要知道「他們的五官知覺，哪一項最為敏銳。」在其能力整合的課程中，他幫助學生開發視覺、聽覺、觸覺、味覺和觸覺上的運動。透過一系列的練習過程，「找出個人的眞正才華。」舉例來說，有些人「並不明瞭顏色和線條透露出來的豐富訊息，」貝克如此解釋。「所以，你必須幫助他們找到最強的感官知覺。有些人，或許五官能力都很強，但總還是有一、兩項主導性的知覺。我的工作，就是教導他們如何有效運用自己的天賦。」①

許多傑出的老師運用問卷調查的形式，或者一種寬廣定義下的「期前測驗」。上課第一天，老師就發下五到十個課程關注的主要議題，然後要學生針對每個問題，排列各自的喜好順序。另外也有些老師，習慣在課前或課後找學生聊天，以輕鬆的方式獲取資訊。我們的研究對象中，有人定期與學生聚餐。他們排定時間，以小組的方式共進午餐，直到每位同學都輪到機會爲止。洛夫・林恩則在學期一開始，便給學生進行語文測驗，希望充分掌握他們的思考方向與理解能力。在指定同學定義字彙的同時，他一邊抽點學生的名字，一邊以幽默的方式四處尋覓相對應之面容，趁機測試自己的記憶力，並加深對每一位同學的印象。

比上述手法更關鍵的課題是，要如何確切理解班上學生的複雜背景。當然，經驗是很重要的。老牌教授經過多年之歷練，很容易產生強烈而細微的觀察印象。然而，這並不是說，累積之經驗已經轉換成僵硬的刻板印象，彷彿老舊字條深植於教師的心靈，幾年來不曾改變。事實上我們發現，許多即使具備好幾十年教學經驗的教授，每回面對新班級時，還是抱持「今年他們會是怎麼樣的學生」這種態度，以一種新鮮的感覺進行探索。或許，經驗確實累積出強而有力的假設，但並不因此產生先入爲主的認定；對於每個學生，還是要重新觀察，隨時測試內心舊有的理論。最重要的是，卓越教師汲汲搜尋這方面的資訊，目的不在論斷學生，而是要幫助他們。

認知學生的工作，會隨著課程之進展持續進行；教授此時所看重的，是學生對課程的反應，跟學期初的狀況相比是否有了什麼轉變，或者依然原地踏步。同樣地，有許多實務技巧皆可達致相同的效果。有些教授會要學生針對課程寫下立即的反應，花兩、三分鐘的時間表達並解釋內心的結論，最後再提出尚未解答之疑問。另外有些教授，會定期給學生小小的功課，藉以探知學生的想法。在比較大的班級，有些老師會把學生分成幾個小組，然後定期約見小組代表，了解同學的學習狀況。

許多教授在課程經過三、四週之後，以不記名的方式，蒐集學生的回饋意見。其中一種特殊的方法叫做「小組分析」，需要尋求教學中心或同僚的支援。也就是，當意見搜尋之際，任課教師必須迴避，而由他人代理。代理的顧問進入教室，把同學分成兩人、或多人一組，要他們花六或七分鐘討論下面三個問題：整個課程和老師的教導幫助你學習到什麼？你能否為課程或教學提出建議，更有效地改善學習？如果課程和教學確實幫助了你的學習，你認為其中的本質何在？每一組以書面的方式獲取問題，並希望他們也能用筆記錄討論的內容。六或七分鐘過後，顧問把所有小組集合在一塊，分享各組的討論心得：如果有任何不同的意見或需要補充的地方，隨時開放同學互動交流。整個過程不超過二十分鐘，但已足以讓顧問澄清問題，確認共通與差異性的意見。

## 測驗的運用方式

利用評鑑技巧，幫助學生改善學習狀況（而非著眼於外在表現）的第一步，就是積極蒐集學生的相關資訊。第二個步驟則是，幫助學生了解並妥善運用老師設定之評斷標準。一切法則，必須儘可能地說明清楚。當我們把這種進路講給一些研究計畫之外的教授聽，他們多半覺得不可思議：因為在他們心中，學習不過是記憶的過程，而所有測試就是要喚起相關的記憶。他們無法想像，有任何人可以評斷自己的功課或成品，除非有正確答案可以查詢。如果他們試著定義課程標準，得到的說明便是每一份作業或考試佔多少分數，以及要拿到A必須取得什麼樣的分數等等。

相反地，我們探究之卓越教師則深入地談論，每一字母成績代表的意義是什麼，學生必須成就怎樣的學習境界方能取得某一種成績。學生必須開展出怎樣的抽象推理能力？他們必須理解到什麼地步？他們應該如何把概念性的理解應用出來？必須解決什麼樣的問題？必須分析、綜合、評估什麼樣的事情？採用的評估標準在哪裡？他們要能夠從事什麼樣性質的專業對話？對話的對象是誰？

在這種評鑑的概念底下，首要目標是幫助學生學習如何看待自己的思想，知道如何運用學科或專業的標準，發現自己思路上的缺失，糾正推理之疏漏。為學生排列高低順序，不具任何意義；因此，也不會依照曲線分布情形給予成績。學生必須達到某種層級的標準，才能得到某種成績；標準或許是絕對的，但並非獨斷。成績清楚表明學習成就的境界。「如果所有學生都能達致A的層級，那就統統獲得A；如果都只是F，那就每個人都不及格了。」

另一方面，若把考試當成是猜測考題的遊戲，整個學習意義便隨之消失。「我希望學生把焦點放在自我智識的提升，專注於理解的內容，以及如何運用理解進行推理。」保羅・特拉維斯告訴我們：「我不希望他們把力氣花在考題的猜測，追究我到底會問什麼題目、要他們記住什麼樣的事實。如果他們確實理解，自然知道什麼資訊值得記憶。」對於特拉維斯而言，最常用的做法就是在家測驗。「單只是測試學生記憶或認知多少事實，沒什麼意思；重要的是，他們到底理解了多少。」有些教授，則在上課第一天，就把期末考會出現的主要問題公佈出來。在數學或其他以解題爲導向的學科裡，傑出教授往往從概念性的理解出發，藉此尋覓解決之道，而非機械性地重複操作既定的解題過程。相較於許多數學老師週而復始地在學生面前展現解答微積分的技巧，並要求學生每天回去練習同樣的手法，唐・薩利教授幫助學生學習發明微積分的歷程。

許多卓越教師舉行多次綜括型的測驗，每一次涵蓋的範圍都從上課第一天的授課內容開始。「腦膜炎的重要性，」諾丹告訴學生：「自始至終都不會改變。」整個課程，必須融會貫通。「眞正的學習，絕對不是考試一結束，就全部忘個精光，」洛夫・林經常這樣表示。在前後連貫的系統之中，學生可以嘗試錯誤，接獲回饋意見，等到下一次考試再重新嘗試。老師評量學生的最主要關鍵，不在之前失敗的過程，而是最後期末測驗時到底理解了多少，智識上能夠做到什麼地步。

或許有人會擔心，這樣的評量系統容易讓學生平時怠惰，等到期末時再急抱佛脚；但是卓越教師似乎不以爲意，因爲他們並不喜歡用成績做爲學生讀書的誘因。要吸引學生的注意，靠的是精彩的課程內容，以及能讓學生實際參與的方式。事實上，我們的研究對象很少跟學生強調「評分系統」，談論的多半是課程期盼之理解與推理能力。他們並不認爲有任何理由，必須在上課第一天就明白告訴學生，總括性的期末考才是決定成績的最主要因素。如果學生錯過某次測驗，那一定是因爲無法預見與控制的緊急事件發生了。遇到這種情況，一名教授告訴我們：「你大可輕鬆地表示：『沒關係，下回考試還會涵蓋這一次的所有內容，然後再加上一點新的東西。』」

藉由累進性的測驗形態，教授傳遞給學生底下的訊息：學習應該是恆久的，並不是爲了單一的考試。在此同時，他們也鼓勵學生持續努力（包括前幾次考不好的同學），一直到期末前都有改善的機會。再者，透過這樣的系統，老師可以讓每一次的考試愈來愈深入、愈來愈複雜，不斷修煉、延伸學生的推理技能。

當我把上述進路分享給教學研習營的同事聽時，有些人非常不以爲然，認爲這不過是「用考試引導教學」的一種方式，必須接受最嚴厲的批判。因爲他們了解到，考試並不能有效獲取學生在智識上的進展資訊，因此一切測驗都只是攸關輸贏的遊戲罷了。在他們心目中，幫助學生贏得遊戲的勝利，往往會脫離更高智識目標的追尋。然而，卓越教師的想法卻大不相同。他們把考試看成是課堂習作的延伸；重點不在訓練學生成爲考試高手，而是讓學生能夠增進從事某種智識工作的能力。測驗的設計，完全朝著這樣的方向前進，希望把課程設定之智識目標與考試評估結合在一起。

學習目標主導了教學和評鑑的本質。如果學習目標是要學生能夠分析、評斷相關論證，綜合課堂吸收的資訊與觀念，進而開創自己的作品，那麼教學方式就是讓學生有充分機會實際演練，並接獲回饋意見；至於日後的考試或報告，則是驗收學生是否已經達致這樣的目標。如果學習目標是要學生培養足夠的理解能力，進而解決實際問題，或者是要學生學習批判性的思考，那麼成績的評估就不該建立在資訊記憶的多寡，或者是否能在有限時間內確認正確的答案。

最重要的是，我們的研究對象在評估成績時，都抱持非常謙恭的態度。「我不永遠都是對的，」一名教授用感性的口吻重複訴說：「我知道，要確切了解一個人在智識上的成長是多麼困難，但是學生和我必須共同努力，探求眞相。事實上，這也正是我的一項教育任務：幫助學生理解自我的學習狀況。最後我只能說，我竭盡所能做出最好的判斷。」謙恭的態度，不僅表現在他們對評鑑的審愼作風，也讓他們認清成績意義的侷限性。「我並非評斷任何人，」一名教授告訴我們：「我只不過試著了解關於學習的一些事情，藉此幫助學生繼續學習。」

秉持這種精神，某些卓越教師甚至要求學生評估自己的學習進程。常見的方式是，要學生對自我學習狀態提出證據與結論。學期末，學生必須寫篇七百五十到一千五百字的論證，說明自己如何反省評估推理過程，哪裡是長處，哪裡需要改善。

## 教學評鑑

卓越教師的一個共通模式是：所有行爲都環繞且源自於對學生學習狀況的關切。同樣的模式，也清楚地表現在這些老師怎麼看待自我的教學評估，以及其中蘊含之強烈使命。先撇開使命不談，讓我們想想教學評鑑的傳統觀念。

當我們針對教學評鑑，詢問一些傳統作風的老師時，他們通常都否認評鑑的合理性，認為沒有任何標準可以拿來評量教學事業。如果我們一再追問，關於教學活動到底應該看重怎麼樣的層面，他們多半強調方法上的探索。以外在表現為基礎的模型，主要是看老師課堂裡有沒有遵循一些廣被接受之法則習慣。他們是否引進最新的技術、激發課堂討論、能夠叫出學生的名字、黑板字體端正、迅速發還考卷、講課時不會老唱獨腳戲、妥善運用個案研究，以及授課清晰等等？

毋庸置疑，這些問題都指向良好的實務操作，但是它們的重心都放在教授的作為，而不是學生的學習。一位老師，可以在傳統認定的實務做法上都獲得高度的評等，但對學生的學習卻沒有太多正面的影響。相反地，我們的研究對象採取以學習為中心的評鑑進路，提出更基本的問題：教學是否幫助並激勵學生從事深度學習，在思想、行為或感受上起了持續而正面的實質影響——過程中，又沒有對學生造成傷害？

上述問題，可以再拆解成四個小問題（它們充分反映出我們探究之卓越教師的共通想法，無論所處學科為何）：(1)教材內容值得學習嗎？（或許也包括，適合這門課嗎？）(2)學生是否學習到這門課應該傳授的內容？(3)我是否幫助並鼓勵學生學習（或者，他們的學習跟我一點關係也沒有）？(4)我是否傷害到學生（或許運用威嚇技巧促長了短暫的學習，卻無法激發學生在該領域進一步學習的興趣；造就表相或策略性的學習，卻無法獲致深度學習；忽略不同學生的多元需求；或者是，無法正確評估學生的學習狀況）？

爲了回應這些問題，卓越教師深入檢視設定之學習目標，把學生作品視爲反映學習狀態的明鏡，仔細分析評鑑作品的標準與方法，審愼觀察期盼之學習層級是否達成。爲了有效評估學習目標，他們涉獵並遵循跨學科的主要智識發展。他們甚至尋求同事的協助，共同檢視課程目標；經常參與教育方面的公共論壇，試圖拓展課程學習的界限。當珍娜特·諾丹第一次在醫學課程中引入人格發展的目標時，並不是所有同事都樂觀其成。然而演變至今，這方面的意圖已經被醫學教育界廣泛接受。

## 學生的評估

我在第一章曾經提到，如果問對了問題，學生的意見確實可以作爲評估教學品質的參考依據。這樣的結論，來自於我們對相關研究及卓越教師運用學生評鑑的觀察。舉例來說，從研究報告中我們了解，如果問卷內容包括「評估你在該課程之學習所得」這類型的問題，所獲致之回應與獨立進行的學習評量具有高度的正相關。然而，這中間還是存在一種不可輕忽的可能性：學生對什麼是良好的學習並不具備適切的觀念。舉例而言，如果教授對學生的期許是能夠分析、綜合與評估，但學生卻只希望記住一些相關事實，那麼結果會是如何？學生會給教授很低的評鑑分數嗎？若眞是如此，它具有多少參考價值？反過來說，如果學生給予只要求記憶的教授很高的評價，我們又該如何看待？兩位蘇格蘭學者諾伊・安特威索（Noel Entwistle）和希拉瑞・泰特（Hilary Tait）對此問題深入探討，發現不同類型的學習者面對相同的教學經驗，確實可能產生相互衝突之評量結果。深度學習者表示，他們喜歡能夠激發概念性思考與應用的課程，但班上其他從事表相學習的同學卻厭惡這種經驗。認同學習即記憶的學生，大力稱讚強調記憶的課程，而期盼更高層級之推理的同學，則不認爲從這類課程學到了什麼。

有些老師由此結果斷言學生評鑑之無用，但是我們的研究對象卻有不同的看法。一名教授如此說明：「如果我的學生因爲學習到一些枝微末節而心滿意足，甚至告訴全世界我是多麼好的老師，有效幫助他們學習，我也不會感到高興，只想趕緊忘掉那些讚美。」然而，相反的評價卻不能輕易地忽略。「我曾經遇到過一些學生，」他表示：「修課之初原以爲只要記住一些東西，然後考試時知道如何順利回吐就可以了。所以，當我要求他們進行理解與推論時，他們會顯得有些挫折與沮喪。但是如果到期末，他們還是給了我非常低的評鑑，那就代表一種失敗——我無法影響學生改變學習該門學科的概念。課程確實存在某種嚴重的疏失，這不只是無法迎合學生的意見而已，而是我在教育上無能碰觸學生的心靈，幫助他們了解學習的眞正本質。」

另一名教師表達了類似的觀點：「學生的高度評價並不代表成功，除非他們確實展現我所期盼的智識品質；不過，這些不僅僅反映在評鑑結果，也同時表現在課程大綱的擬定、作業的指派，以及學習成果之評估。但是另一方面，低落的評鑑卻是不可輕忽之警訊，它通常代表了我無法與學生做有效的連通。」

其他類型的問題，也受到卓越教師的重視。「如果我想知道，自己是否在智識上給予學生挑戰，或激發了他們的興趣，」一名教授告訴我們：「最好的方法莫過於直接詢問他們。」②然而，評量教學的最主要關鍵不在問卷顯現之平均值，而是老師究竟與多少比例的學生「在教育上」產生連通的效果。滿分六的尺度中拿到三・八的平均值，是因爲大部分的回應者都集中在中間部位，還是絕大部份都給予很高的分數，但少數人卻予以最低分的回應？爲什麼他們無法感化那些不滿者的心靈？要如何才能進一步改善教學狀況？對於少數人不悅、多數人受到激勵的現象，是否應該感到滿意？

## 導向教學評鑑的系統

知道了卓越教師的觀念與問題，我們不禁好奇，是否可以從中發展出一套更好的教學評鑑方法。畢竟，我們如果想從卓越教師的見解當中學到東西，就必須對構成有效教學的要素做出良好的判斷。最後的一大發現是，我們必須由學習的角度來評量教學成效。如果個別教師想要改善教學狀況，就必須針對教學品質仔細評估，在足夠資訊下做出智慧的抉擇。站在校方的立場，也應該正視教學評鑑的工作，如此才能幫助老師改善教學，並且知道該如何留住卓越教師。

近年來，許多同事綜合製作出所謂的「教學資料夾」(teaching portfolios)。大體而言，這種令人厭煩的過程就像是，把所有可以想像的教學事務全部放在一個大箱子，然後整個寄去給系主任或是院長。包裹式的方法似乎無法有效反應優良教學的意義，評鑑者很難從中獲取實用的資訊。不過另一方面，也有些學者開始把資料夾看做是一種探討教學品質的學術論證。就像其他論證一樣，它先從細密眞實的證據出發，然後引導出關於教學本質的結論。③

這個論證試圖解答一些非常根本的問題。雖然每個學科關切的焦點不盡相同(比如：歷史教授不會在意自己的課程是否可以幫助學生通過國家醫學考試)，但是有些基本面向卻是所有教授都不容忽視的——也就是，我先前提到的關於教學評鑑的最基本問題，以及由之拆解出的四個小問題。

到底什麼樣的事實可以當做回答上述問題的適切證據？當然，這要視特定問題的性質而定。有些議題，學生評估就是最好的證據；但有些議題，就必須參酌課程綱要、學生作品，或同事之評論來判定。任何良好的評鑑過程，都必須仰賴適切之資料來源，然後再由評鑑者或評鑑委員會進行**編輯**與**詮釋**的工作。換句話說，學生問卷的評估成績和意見並不等同於教學評鑑，它們只是一組可供評鑑者參考的資料。同樣的道理，也適用於授課者之自我評鑑，以及同僚或行政官員之觀察記錄。

於是，教學資料夾變成了充滿學術性的案例——它爲解答根本問題提供了證據與結論。舉例而言，這樣的論證有助於回答下列問題：你嘗試幫助和激勵學生學習到什麼？

那些學習目標，對於你任教課程的價值何在？你運用了什麼樣的策略？這些策略能有效幫助學生學習嗎？爲什麼有效，或爲什麼無效？從你的教學當中，學生確實學習到什麼？（如果學生並沒有學習到你想要他們學習的東西，爲什麼會如此？）你是否激發出他們對相關主題的興趣？這樣的過程，需要非常縝密而嚴謹的思索。它不只是把資料（學生評估、課程綱要等等）收集在一起，遞交給評鑑者而已；事實上，它包含了綜合性的工作，提供經過細心安排的組織性案例。因此，連通相關證據、組織完整教學圖案的責任落在任教者本身——在此同時，他們也是自我分析過程中的最大受益者。

透過這樣的系統，教學評鑑成爲重大問題之嘗試性解答；不過，這當中有許多困難的決定必須面對，而且無法化約成簡單的公式來操作。教授和評鑑者應該把焦點放在學習目標的品質，以及如何幫助學生達成目標，而不是表面上的數字。教學爲學生的學習提供了什麼樣的貢獻？任課教師是否營造深遠的、具創造性的教學期盼，引導學生在該學科內的重要探討？那些學習目標是否反映出最高的學術標準？有沒有任何理由可以讓我們相信，任課教師確實幫助學生達致最高品質的成就？大部分學生的學習成果如何？任課教師是否對學生造成任何傷害？

同僚的觀察不見得是很好的證據，因爲教授通常會給跟自己教學方法相仿的同事高分，而相異的同事低分——不論實際的學習成效如何。況且，只現身一、兩堂課的觀察者，並無法獲得實際狀況的淸楚圖像。④我們對於老師採用的特定技巧並不感興趣；眞正値得關切的是，老師是否幫助、激勵學生在適切的層級上有效地學習。要想了解課堂的運作情形，常態性的觀察者（學生）才能提供更完整的報告。

然而，同事卻能針對學習目標的品質提出有價值的評論。藉由課程綱要、評鑑學生的方式、指定作業的性質、任課教師的說明，以及甚至學生作品的樣本，同僚可以對學習目標之本質有所理解，並進而發表評論。同事之間的彼此觀察，也可以開啓回饋意見的交流，對教學產生互動性的對話。

簡而言之，教師應該把教學活動（無論是單一的課堂或整學期的課程）看成嚴肅的學術行爲，一種具備創造性的學術事業；爲自己的教學狀況製作完整的案例，蒐集相關證據，探索其中的智識（或藝術）意義與品質。每一案例鋪陳出嚴謹的論證：說明學習目標的品質，教授如何助長學生的成就，以及任課教師如何評量教學之進展。它援引的證據包括課程大綱、指定作業、學生評鑑，或其他可以支持說明的資訊來源。「如果你想知道我心目中認爲什麼是最值得學習的，」大衛・貝森科告訴我們：「看看我的考試就能一清二楚。」測驗題目只需要簡單的記憶工夫？能夠反映多少的理解？期待學生如何應用、分析、綜合與評估？所有證據，必須附在案例的說明之後。

教學的評鑑，變成了對該論證的評估；整個案例相當於教學上的學術論文，意圖捕捉教學事業的重要文件。儘管校方或許會指定一般性的規範，但論文最後的形式與內容還是由個別教師所決定——就好像撰寫學術論文的情形。教學案例之概念給予個別教師選取評估資料的自由，不過整個過程需要非常謹慎而嚴格的思索。

此處列舉之評鑑綱要，應該可以適用於大部分的學科，只是究竟由誰來做最後的評估，則有賴於個別系所、學院或大學的決定。總括而言，評鑑者對於人類學習之理解，將深深影響整個過程的優劣成敗。它需要各學科的教師共同探討該領域之學習本質，爲每一科系及課程製立知識論上的文獻。它也需要學界廣泛重視人類學習方面的科學，注意相關的研究報告和理論文獻，理解人們是如何學習的，學習的意義何在，以及滋長學習的最好方式。

要讓整個計畫順利進行，系所或學校必須先確認由誰扮演評鑑者的角色，幫助他們熟悉學習與評估之相關議題，並進行如何認定教學品質之標準的討論。許多學科長久以來對學生應該在智識、身體或情感上獲致怎樣的能力，原本就有廣泛的討論；但某些學科則不然。無論如何，所有科系都該著手進行這方面的對話交流。有些學科已經建立出比較精準的期盼，有些學科則沒辦法那麼細密。針對某種類型的主題，或許根本不能列舉學生應該學習到什麼的清單，但是所有科系都還是有一些智識或藝術性的標準可以用至對話當中，因爲它們也都運用了這些標準來評估研究或藝術成品的品質。

另一方面，對話也應該超越個別學科目標的界限，談論更廣泛的教育議題。針對大學部的課程（或許其他層級亦然），這代表著追問之議題不僅是學生應該在此特定課程學習到什麼，還包括學生之整體教育過程應該經歷怎樣的人格和智識發展，以及每一門課程如何對此歷程產生助益。

最後，我再把幾個中心要點清楚地強調：

一、如果問題問得適切，學生之回應可以幫助評鑑者有效判斷教學品質，但是學生的評估本身並不等同於教學評鑑。⑤

二、同樣的平均值，可能來自各種不同的評比分布情形。或許集中在中間地帶，或許同時包括高、低分的極端。每一種分布狀況，代表了不同的教學成效。前者的情形，可能是任課教師對每位同學都產生了些微的教育功效；而後者，則可能是教授非常成功地啓發了絕大多數的學生，但對於少部份的同學卻無法發揮任何教育上的功能。到底怎樣的教師，是系裡比較冀望的？針對每一種情形，要怎樣幫助教師獲致進一步的改善？

三、有些超越任課教師掌控之外在因素，會影響到學生對某些問題的回應。當評鑑者參酌學生評估的資訊時，也必須考量這些外在因素。學生對於出自興趣之**選修課程**，通常給予比較高分的評量；對於**必修課程**，則普遍出現較爲低落的回應。學生在課前之主題興趣，會影響到大約五·一%的評比結果。因此，高年級的選修課比起低年級的必修課，應該期盼較高的學生評鑑結果才是。⑥

四、關於成績與學生評比之相關性的文獻，既冗長又複雜。一般而言，當學生預期獲取較好的成績時，通常會給予稍高之教學評鑑；但這並不必然是因爲教授寬鬆的給分政策使然。研究顯示，學生對於**既能**提供智識挑戰、**又能**幫助他們克服挑戰的課程，反應出比較高的評價；對於輕輕鬆鬆、但卻學不到什麼東西的課程，則普遍不予以肯定。再者，學生給予高評價的課程通常是：(1)能夠有效激發其學習動能者；(2)學生確實學習到東西，而且因此預期自己可以在該課程獲取優異的成績。

⑦

五、要判定一門課程是否爲所謂的營養學分時，最好的方法必須檢視課程資料，以及教授評量學生的方法與實務。然而，比較寬鬆的給分政策，並不必然代表學習上的低落。由於每位教授給予字母成績的意義大不相同，要想確實掌握學習上的進展層級，必須仔細觀察學生的實際表現（他們撰寫的報告、能夠有效回應的問題形態、可以解答的特殊問題、實際成品的展現等等），以及表現的轉變情形。單單班上同學的平均成績，是無法提供這種資訊的。

有了健全的評鑑系統，我們可以持續探索究竟是什麼因素造就了卓越教師的高效能教學。我們可以針對教育目標，以及該如何達致那些目標，進行豐富之對話交流。我們也可以有效地應用本研究的一項重要結論：傑出教授透過常態性的自我評估、反省，以及力求突破之意願，充分發展了自我的潛能。

# 後記：從好老師身上可以學到什麼？

我們能夠從高效能教師的見解當中學習到一些事情嗎？

當然可以，但或許我們更應該先認眞學習「閉嘴的教學」（teaching with your mouth shut）——這是唐・芬柯（Don Finkel）爲其著作下的美妙標題——深切明瞭教學絕非單純的課堂講演，而是包括所有能夠幫助和鼓勵學生學習，並且不會對其造成重大傷害的事物。①這樣的體認，需要對教學意義進行概念性的根本轉換。如果你問許多學界人士，他們是如何定義教學的？得到的答案常常都環繞在知識的「傳遞」上，彷佛教學等同於口述。這種想法是蠻叫人安心的，因爲我們可以全盤地掌控狀況；只要開口告知，就完成了教育的工作。然而，若要從卓越教師的所作所爲中受益，我們就必須秉持不同的觀念模式：只有在學習確實發生時，教育才算出現。更根本來說，這種教學概念是要創造至少能讓大部分學生充分發揮學習潛能的環境與條件。聽起來似乎相當困難，甚至還有些嚇人，因爲我們其實無法完全掌握自己的材質性情；不過，它絕非無法達成的任務，而且所獲得之精神性的回饋是非常豐渥的。

或許我們面臨的最大阻礙是，認爲教學能力乃與生俱來，有就是有，沒有就是沒有，後天之努力並無法做太多的改變。但事實上，我們的研究對象都經過一段奮鬥的歷程，竭力學習如何創造最佳的學習環境。當他們無法有效碰觸學生的心靈時，會善用這些失敗經驗獲取更深遠的見解。最重要的是，他們採行的是學習性而非傳遞性的教學模型，知道自己必須設法了解學生的學習狀態。其中或許也包括了關於該如何有效解釋事物這方面的思索，但是無論如何，最基本的關切總圍繞著一種更寬廣、更豐富的內在對話：學習的意義到底是什麼？我該如何滋長學習？我和我的學生要如何對學習進展（及挫敗）有充分的掌握與理解？我如何知道自己的作爲對學生產生助益或傷害？

凱羅・德威克（Carol Dweck）的研究也可以運用在這裡。還記得嗎？她發現秉持智能固定觀點者容易生出無助感，而認爲智能可以靠後天努力不斷擴增者比較容易成功。

同樣的道理，相信教學主要在傳遞知識的教授，往往認爲教學之成敗取決於自己難以掌控的人格特質（「有些人生來就是優秀的演說者，但我卻不是」）。然而，把教學視作滋長學習者——正如我們研究的那些卓越教師——則相信只要花心思更了解學生及學習的過程與本質，便能夠創造更成功的環境。

成爲好老師的部份（而非全部）原因在於，他們知道永遠有新的事物必須學習——主要並不是教學技巧，而是特定時點之特定學生有著個別的抱負、困惑、誤解和無知。想要從卓越教師身上學到什麼，就必須相信自己是能夠學習的——而且我們仍然會遇到失敗。我們不可能完全同等地碰觸所有學生的心靈，但無論是對每一學生的個別狀況，或是人類學習的一般歷程，總會有需要重新學習的地方。

我們面臨的第二大障礙或許是優良教學乃純粹技術性的觀念。抱持這種想法的人，很可能期待本書提供一些簡單的小撇步，好讓他們能夠應用到課堂之中。對於信奉傳遞式的教學模型者而言，上述觀點或許很有道理；但是如果你相信教學首重良好學習環境之開創，那麼這類的想法就一點意義也沒有了。卓越教學通常既是智識性的創造，也是表現的藝術。就好像林布蘭特這位荷蘭大師之所以誕生，靠的不僅是高超的筆鋒技巧，還包括內在特有之不凡見解、視野、原創性、領悟力及同情心。簡單來說，我們必須在自身領域中奮力探索學習的意義，找出如何滋養和掌握學習的最好方式。為了達成這樣的任務，我們並不需要成為知道所有正確程序的規律型專家，反而應該是能夠隨時調整修正的變通者，除了知道如何應用基本原則於所有情境及可能面對的同學之外，也明瞭創造的可能性與必要性；事實上，並沒有任何單一的教學方法是「最好的」。如果我們想從傑出教授的見解與實務中獲益，就必須跳脫「接收知識」的階段——只期盼吸取正確答案，再將之盲目地應用。

當約翰‧賽克斯頓（John Sexton）於二〇〇二年宣誓就職紐約大學第十五任校長時，殷切召喚二十一世紀的新類型教授。「我們必須重新思索『教授』這個職稱所帶來的意義，」他如此呼籲。「領終身俸之教授乃獨立作業之契約者」的觀念已經不合時宜，我們應該要求所有大學師資共同分擔「學習、學術與教學整體事業」的社區責任。

如賽克斯頓所言，新類型的教授支持也需要秉持新觀念的大學。傳統上總把研究與教學截然二分，這讓二十世紀的高等教育遭遇嚴重的困境；現在，我們應該開始把自己所在之處視作學習性的大學，它同時關切教師（研究）與學生（教學）的學習，而兩者之間應該存在相輔相成的方式。學習性的大學有時也意味著，學生可以參與教授之研究，或者從事自我的探索；然而，更寬廣的意涵是開創互動活絡的社群，讓教授與學生可以在校園環境中進行豐富的智識性對話。它代表的是一種對學生及其價值的嶄新態度（無論他們是像喬德·里查森面對之學術背景平庸的學生，或是經過嚴格篩選而進入哈佛、紐約等名校的佼佼者），深切體認在滋育他人學習的過程中，也會激發自我更寬廣的理解。大學教師由此產生建構並維繫學習者社區的使命感。這種社區的核心價值在於師生雙方的共同參與和許諾，致力於社群對話的進行與維持。

拒絕教學／研究之截然二分，重新界定教授之意義，其實蘊含著一種道德性的面向：它兼顧了教授只想專注自身學習的自私心態，以及必須幫助學生成長發展的倫理義務。除此之外，它也包含了某種實務性的考量：爲了長期維繫良好的學習社群，我們不可能犧牲其他世代的進展，以換取某個世代的成就。

然而，我們不能只是對老師說些多教一點、教好一點的空話。如果我們眞想界定新大學、新教授的觀念，就必須下工夫探究人類的學習過程。關於學習和教學的研究報告及理論文獻，都可以幫助我們設計課程，或認識其他類型的教育經驗。許多嚴謹的知識論探索（在某特定領域認知事物的意義到底何在），以及人們是如何學習思考的相關研究，對於學科本身的進展皆有所助益。這表示，我們必須做一些許多卓越教師並沒有下的工夫。優良教師的卓越見解，常常來自於他們與學生的互動經驗，而不是系統化的文獻探討。但是，他們開展出來的概念，卻充分反映了社會與認知心理學家、教育人類學家、社會學家和其他領域學者的結論。我們固然需要藉由卓越教師對其經驗之反思擷取智慧，但若因此忽略在人類學習方面日益茁壯的實證研究與理論文獻，便也顯得愚昧無知。想想，若是我們的學生在學科領域中停止學習，完全仰賴直覺或突發奇想之念頭導引結論，是絕對不被容許的。

為了造就能夠理解學科本身以及如何在其中學習事物的新類型教授，我們必須改變培育新進學者和支持既存教授的方式。達利・赫許巴哈建議，所有博士論文都應該包含一個章節，闡述如何幫助其他人學習該研究的主題。李・修曼（Lee Shulman）則建議，所有科系聘用新人時，都應該要求候選人在研討會上談論自我的教學哲學。②我們也應該對現存教授提供教學上的協助與支持。大學裡可以設立研究與提升校園學習狀況的科系或機構，從學術角度探討教育議題，思索它對大學教育事業的意涵與應用，並幫助其他科系的教授明瞭研究結果，並進而從中獲益。

這樣的機構可以召集橫跨學校各領域的同僚一起參與研究，發展計畫，共同探討教學上的問題。他們或許會把焦點放在爲什麼某些族群的學生無法達致期盼之學習目標，或者汲汲探索如何讓所有學生都能成就新的發展境界。教學計畫將包括問題的精煉，既有文獻之深究，以及一套完整的實證程序：提出可能有效的假設，將假設付諸實行，再用系統性的方式評估結果，最後做成報告，爲逐步成長之大學學習的相關文獻再添新頁。

教學中心的成員可以來自傳統領域，爲自身領域之學習進行特殊化的研究；或者，也可以來自認知科學的領域。這樣的機構隸屬學術單位，成員也都來自校方的師資陣容；如此一來，學校便會充分尊重其嚴肅的學術本質，並會以同樣嚴格的標準處理他們的升等與終身俸事宜。同時，也能吸引學界的優秀人士加入研究行列，鼓勵各學科的資深教授以訪問學者的身份進入教學中心，思索探究相關議題。到目前爲止，已經有好幾個教學中心發展成形，足以作爲類似機構的典範。③

在學界有許多因素讓優質的教學無法像發現新知一樣獲得高度的尊崇。上半個世紀，高等教育的大部分獎助金都落在學科性的研究計畫。最成功、最富盛名的學校，也都由此打造聲譽。爲了快點趕上其他國家的智識成就，我們孤注一擲地把希望全寄託在二次世界大戰之後的兩、三個世代的菁英學者，卻經常忽略了大部分學生的需要。仰賴這種政策，其實是與民主社會的精神背道而馳的。我們甚至無法確定傳統採行之評估學習的方法，是否眞能辨識出最具天分的潛在學者。

然而，有個小小的祕密或許可以順利擊倒反教學的力量。雪城大學在一九九〇年代做了兩次的問卷調查，對象是美國頂尖之研究型大學的教師與行政官員，詢問他們對教學和研究的看法。④大體而言，無論是教授、系主任、院長、學務長和校長，全都認爲教書和研究同等重要；有趣的是，他們也都相信自己比其他位階的人重視教學的價值。教授認爲自己較系主任看重教學，系主任認爲自己較院長看重教學，如此類推；而校長、學務長和院長，卻也同時認爲自己遠比一般教授關心教學上的問題。所以，這個祕密就是：每個人都很關心教學，或者至少嘴巴是這樣說的，知道應該要如此——即便研究型的大學亦然。那麼，現在正是讓我們爲這個祕密做些事情的好時機了。

# 附錄：研究之進行

一九六〇年代初期，我還是個大學生，對當時碰到的幾位高效能教師非常著迷，因為他們對我的人格及智識之成長造成如此重大的轉變。大二時，我開始跟一些老師談論他們所做的事情，以及為什麼要做這些工作；談話內容深深影響了我的想法，並促使我日後取得美國歷史的博士學位，並在大學裡掙得一份教職。就像大多數的大學教授，我沒有接受任何正式的職前訓練，學習如何幫助別人學習。我的研究專長及出版之學術成果集中在美國對中東地區的外交政策，但這對於要怎麼幫助別人學會像好的歷史學家一樣思考，卻無法提供太多的幫助（如果有任何幫助的話）。教書的頭十五年，我很少閱讀關於學習與教學的研究或理論文獻。然而，到了一九八〇年代初期，當我成為德州泛美大學的歷史教授兼大學榮譽學程主任時，開始有系統地鑽研這些文獻，關切焦點放在國家歷史教學中心之建造。在此同時，我也對如何找出最佳教師來爲榮譽學程授課產生興趣。我開始到一些課堂旁聽，訪談學生，檢視教授的授課進程綱要，並跟幾個同事討論他們的教學。

當時，我並沒有把這些舉動視作研究中的一部份；但是到了一九八六年，進入范德比爾大學創建人文與科學學院教學中心時，我突然領悟自己在評鑑傑出教授的過程中獲益良多。我也瞭解到，進一步的研究將有助於教學中心的工作。就這樣，我開始針對各大專院校之高效能教師進行系統性的確認與審視。

一開始，跟我共同參與研究的只有瑪莎・費・馬歇爾（Marsha Faye Marshall）。她原來在一所私立小學教書，同時修習范德必爾大學醫學院的醫學教育課程（後來還在克洛格管理學院〔Kellogg School of Management〕修習行政管理教育的課程）。研究中，她幫忙擬定篩選卓越教師的標準，以及正式或非正式訪談所用到的問題；並且協助分析訪談錄影帶和研究對象的正式報告，尋找其中之固定模式。當我於一九九二年轉往西北大學擔任瑟爾卓越教學中心（Searle Center for Teaching Excellence）主任之後，即將取得英美文學博士學位的詹姆士・朗（James Lang）加入了研究（一九九〇年代末期成爲中心的助理主任）。他執行一些訪談，並協助分析、彙整由訪談獲取之資料；特別著重於教學評鑑的觀念，促成了最後一章的大抵形式。另外還有一些追隨多羅勃・孟吉斯（Robert Menges，已故）研習高等教育的研究生（其中包括洛西・卡克斯〔Dorothy Cox〕），協助訪談之進行，造就了本書的部份結論。

爲了確認可能的卓越教師人選，我們主要仰賴底下的資訊來源：訪談幾百位學生，討論對其智識與人格發展造成重大而正面影響的老師；跟學院教授談論同僚當中，在幫助學生成就高效能學習這方面享有盛名之範例；參酌重要教學獎項得主的名單；以及研究後期，開始接受師生推薦值得納入的人選。在一九九〇年代中期，我們透過一些網路討論群組，懇請參與者提名。一九九六年，陸續舉辦爲期三天的全國性及國際研討會，討論研究之初步結果。研討會爲這項工作帶來越來越高的名聲，也增添了更多來自全美和澳洲各地的提名。

一旦找出可能的人選，我們就開始蒐集資料，決定是否有足夠的證據能讓該名教師納入研究。學生評鑑當中（如果有此資料），整體學習成效的問題必須特別突出；但是只有高分還不夠，尚須仰賴其他證據顯示，這名教授確實一貫性地滋長學生高效能的學習。證據的性質會因學科、個人之差異而有所不同，但大致包括了教學進程綱要、測驗形態、評量方法、教學觀察記錄、自我報告（以作爲學習目標品質的證據）、學生作業範例、全系考試的表現、學生日後修習其他課程的表現，以及對學生所做的訪談（作爲成功培育進階學習之證據）。第一章描述了幾個特殊的案例，可供參考。然而，低落的學生評鑑將自動排除入選資格，因爲無論是哪一種學習，它都強烈顯示學生的疏離，而疏離感將嚴重破壞學習成效，阻礙學生在該領域進一步學習的動力。

所有候選人都經過一段試驗性的觀察，直到足夠證據顯示其教學進路確實造就不平凡的學習成效。最後能否成爲正式的研究對象，主要是檢視他們爲課程揭櫫之學習目標，幫助學生抵致那些目標的成效，以及激發學生以積極正面態度面對學習的能力。我們想要知道，該名教師是否在教育上連通了大部分學生的心靈（如果無法做到全部學生的連通），幫助非常多的學生達成我們認定之高階學習的層級。隨著研究的進展，我們發現期盼不斷地升高，後頭選取的研究對象一般而言都超越了先前的標準。然而，我們沒辦法把決策依據化約成簡單的篩選公式，這跟評估歷史學術論文的情形沒有兩樣。

最後挑選了六十三位不同學科的卓越教師進行研究。探索方法類似新聞調查或歷史敍事的進路，主要從各種資訊來源尋找質性的證據，依據聽聞之證言及閱讀之文件導引結論，並由此拼湊出概括性的故事，而不是以量化資料爲本，進行統計性的分析。我們採取的六項首要資訊來源是：⑴正式或非正式的訪談；⑵教師對自己教學觀念的公開陳述或書面討論；⑶研究對象爲特定課程研擬之進程綱要、指定作業、評分政策、講演筆記及其他書面資料；⑷課堂教學的實地觀察（某些對象還包括錄影記錄）；⑸學生的成果展現，包括其學習態度、課程概念（由實際訪談、小組分析、學生評鑑等方式獲取資訊），以及學術作品（包括報告、考試、習作計畫、成績表現等等）；⑹同事的評價，主要針對教師揭舉之學習目標及學生日後之成就風評提出看法。研究對象中，有三十五個案例採用了上述五或六種資訊來源，剩下的二十八個案例也至少蒐集到兩種資訊來源。我們實地觀察六名研究對象整學期的課程狀況，以及三十五名教師的部份課程。

絕大多數的正式訪談，都有錄音存證。至於非正式的訪談，則來自比較隨意性的對話。我們之所以採行非正式的討論，有操作性的理由（正式訪談並不容易安排），也有方法上的考量——我們希望知道，研究對象在攝影鏡頭面前談論的內容，和日常對話中透露出的訊息之間，是否有明顯的差異模式。結果發現，許多對象在非正式的交談當中，顯得比較開放坦白；而接受正式訪談的教師，一般稍嫌拘謹。不過無論是正式或非正式的對話，我們的問題都集中在四個方向：你爲學生設定的學習目標是什麼？你如何促長那些目標的實現？你認爲，學生成就目標的證據在哪裡？有什麼證據可以顯示，你的教學方法對學習成效貢獻良多？當我們要求教授對其教學提供公開說明時，也是以這些寬廣的問題做講演或文章的指引。

四大主題底下的小問題，則因學科不同而有所差異，並隨研究進展不斷更新。部份內容出現在「同僚評鑑計畫」（Peer Review Project）當中，這是由美國高等教育協會（American Association for Higher Education）於一九九四到一九九八年間主導之研究計畫，參與團體包括西北及其他十一所大專院校。我們採用的一些問題是：你怎麼描述自己對人類學習方面的理解？當學生學習到新事物時，在認知層面發生了什麼事情？你如何準備教學？當你準備授課、講演或其他關於學生學習經驗的事宜時，會問自己怎樣的問題？在教學上，會爲學生許諾什麼樣的前景？跟著你學習之後，學生能夠在智識上、生理上或情感上達致怎樣的境界？你期盼他們學習到什麼地步才算是成功？當你教書時，你都做些什麼？最主要的教學方法有哪些？那些方法通常在什麼情況發生？你採取了什麼樣的舉動，意圖幫助和鼓勵學生學習？能否想到什麼好的比喻，可以形容你的教學進路？你如何描述你跟學生之間的關係？對你教過的學生，你最喜歡看到什麼樣的事情？最不喜歡看到什麼樣的事情？學生在跟你學習的過程當中，面對到的問題（如果有的話）最主要是什麼？你如何知道自己的教學稱職合宜？如何檢驗教學上的進展及評判自己的努力？有沒有任何證據可以顯示你在教學上的成功？

對於特定的課程，我們還會問底下的問題：這門課是怎麼開始的？爲什麼如此？課程進行時，你跟學生做些什麼？課程是如何結束的？爲何如此？你講授課程和引導討論的方向在哪裡？如何指定作業？評鑑學生作品的主要方法是什麼？你試圖說服學生相信什麼，或質疑什麼？或者，希望他們發展新的態度和喜好？你的課程是否教導學生該領域之學者是如何進行研究的——形塑、修正領域知識的方法和價值？是否教導學生特定學科之運作邏輯，也就是說，該領域的學者是如何從證據進行推論，採用了什麼樣的概念、什麼樣的假設，以及結論引申出來的意涵是什麼？你的課程可以幫助學生回答什麼重大的問題？可以幫助學生發展怎樣的智識能力（或品質）？你期盼學生覺得課程哪裡最吸引人？學生在理解上、動機上可能面對的最大困難是什麼？課程進展的情形大致如何？你的課程像是一場旅程、一個寓言、一種遊戲、一間博物館、一段羅曼史、一支協奏曲、一齣亞里斯多德式的悲劇，或一項困難重重的考驗（可複選，也可皆不選）？上述比喻展現了課程中的哪個面向？

問題最主要的目的，只是引發老師談論自己的教學，告訴我們一些課堂上的故事。我們的方法有點像是乘著獨木舟順流而下；有時候必須藉由槳的力道，才能避免擱淺，並導引至我們想要探索的主要航道。另外，正如好的歷史學家採用口述歷史技巧之際，也必須尋找其他支持性的證據；我們除了訪談，也會蒐集觀察書面性的資料（學生作品的樣本、測驗或作業題目、課程大綱等等），有時候還包括課堂的錄影記錄。

進行小組分析（small group analysis；SGA）的方法時，我們在任課教授規避的情況下與學生會面（通常是課堂結束之際），將他們分成幾個小組，利用八到十分鐘的時間討論底下三個問題：(1)課程中什麼部份成功地增長了你的學習？(2)要怎樣改變課程架構或課堂進行的方式，可以更有效地增長你的學習？(3)你如何描述你在課程中的學習本質？我們並要求學生爲他們的討論留下記錄。時間到了之後，再匯集全體同學聆聽各組的心得。此刻，有兩項工作是書面工具無法達成的：釐清（追問問題）和檢證（判定報告記錄是否反映所有或只是特定學生的意見）。整個過程大概需要二十分鐘。除了收集各組討論記錄之外，我們也在集體交換意見時抄錄筆記。

對於書面文件（進程大綱、課堂資料、小組分析的記錄、會話筆記等）及訪談和課堂的錄影資料，我們重複觀察、再三檢視，希望能夠找出廣泛的共通模式。我們明瞭，並不是每個人都用相同的語言描述同樣的目標和教學實務。從相關研究和理論文獻的涉獵當中，我們用熟悉的術語和情境爲一些教學實務與思考方法賦予共同的名稱，確認其間之共通模式；但是另一方面，我們也盡量展現關於研究對象的原始文件，讓資料本身主導結論。常用的手法是，先撰寫研究對象的個別故事，然後再進一步探討故事所呈現之共通性。

基於充分證據之審慎檢視，我們可以肯定這六十三名研究對象，確實非常成功地幫助並激勵學生達致令人讚賞的學習效果。然而，我們並不是舉辦某種教學競賽，沒有大規模地四處探訪各校師資，也沒有採用跨領域的抽樣方式（進而從中評斷贏家），因此自然不能確定，是否還有其他教師造就同樣或甚至更卓越的教學成效。人口統計上的資料也不具太大意義，甚至可能造成錯誤印象。舉例來說，如果我們研究的對象，男性多於女性，那可能只是反映出大專院校的男教授多於女教授。如果女老師獲選的比例較現實社會之分布情形來得高，那也可能只是巧合。計畫中，有七位教授的資歷低於十年（沒有人不到五年），十到十五年的有二十二位，十五到二十年的有五位，剩下的都具有超過二十年的教書經驗。大部分獲選的教授任職於研究型大學（只有十二名不是），但這只是反映我們自己任教的處所，並不代表好老師集中於此。

值得一提的是，我們確認之高效能教學方法，同樣適用於競爭激烈和入學政策寬鬆的學校，這代表著一些基本原則的普遍性，不論授課對象的學業背景如何。探訪之對象來自四十種不同的學科領域，大致上平均分布於人文、社會科學，及自然理工科系。有五名出身於表演藝術；十名任職於專業性的研究所（其中兩名同時教導大學部的課程）；五十五名在大學部教書（其中超過一半教過研究所的課程）。以上訊息，並不是透露好老師要去哪裡找，而是反映本研究之寬廣性。

我們的探索主要包括一系列的個案研究，試圖闡述高效能教師的集體及個別故事。相關結果不僅做爲顯現某些教學進路確實有效的證據，也爲進一步的探索奠下理論基礎。未來之研究可以著眼於不同教學方法的比較測試，這方面的運用在本計畫中只出現過一次：西北大學的生物學家創立了概念性的進階討論教室（見第四章），開放給同學自願參加。藉此，我們可以配對比較參與者與非參與者（停留在比較傳統的學習環境）的學業成就。這就像是進行一場控制性的實驗，能夠分別對控制組與對照組的學術表現進行深入的統計分析。①

一個方法學上最棘手的難題是：該如何定義「不平凡的學習成效」。我們發現，要找到適用於各學科的普遍性定義是不可能的，但是從訪談之卓越教師的觀念當中，我們多少可以理解其中的意涵（以及前面所提關於高度期盼之革命性的想法）。最接近其精髓之描述，應該從智識及人格發展的角度著眼。

大抵而言，智識發展包括對大量資訊的理解，學會如何從事眞正的學習（擴展理解）、如何由證據進行推理、如何運用多種抽象概念、如何談論自己的想法（包括寫作能力）、如何提出複雜精巧的問題，以及活用上述所有能力的心靈習慣。人格發展的內涵則包括：理解自己（自己的歷史、感情、性格、能力、見解、限制、偏見、假設，以及甚至感官）和生爲人類的意義；發展對自我及他人的責任感（包括道德發展），培養同情心，以及理解並運用個人情感的能力。它也同時意味著：維繫並持續運作這些發展的心靈習慣。

# 感謝辭

本研究始於一九八〇年代，那時的我任職歷史教授已經超過十五年。之後，陸續在范德比爾、西北和紐約大學開創並擔任教學中心主任，相關研究持續進行。除了我之外，對於整個計畫的開啓、執行與結束，還有兩人扮演了非常重要的角色。瑪莎·費·馬歇爾自始至終協助研究的每一個面向，對於許多結論的形成居功厥偉。詹姆士·朗無論在研究、寫作及形塑結論上也都付出很多心力（還有多種貢獻，在此不勝列舉）；即便離開研究計畫之後，依然不斷敦促我持續進行。

研究能夠完成，得力於許多同僚的支持，他們雖然並未成爲研究對象，卻在尋找適切候選人上貢獻良多，並對我們開展出來的一些觀念提出正面的回應。許多親朋好友，以及參與小組分析或接受訪談（討論經驗中的好老師和壞老師）的學生，也都扮演了一定的角色。我的小孩東妮雅（Tonia）和馬修（Marshall），以及兒媳婦艾莉絲（Alice），在本研究初期都還只是個大學生，他們的經驗與省思激勵了計畫中的一些想法。進入完稿的最後階段時，他們也提出許多價值匪淺的建議。

我第一次設想後來稱之爲「自然性的批判學習環境」的輪廓，是來自於跟東妮雅談論她在范德比爾大學居住語言宿舍的經驗，另外也得力於艾爾·馬西諾（Al Masino），與我分享他在巴爾的摩（Baltimore）藝術科系就學的經驗。同時也要特別感謝南卡羅萊納州（South Carolina）的兩位優秀教師布雷娜和約翰·渥克（Brena and John Walker），閱讀了書稿的前面幾個章節，並給予意義非凡的建言。編輯伊莉莎白·納爾（Elizabeth Knoll）和克莉絲汀·索斯坦森（Christine Thorsteinsson）在寫作的後半期，提供了許多非常寶貴的意見。艾瑪·羅西（Emma Rossi）和羅尼·雷瓦（Loni Leiva）則於完稿之際，給予我們關鍵性的幫助。

當然，還要感謝所有深具魅力的研究對象，他們願意花時間談論教學心得，或者應邀給予公開演講。最後，我要感謝父母傑西·李·貝恩（Jesse Lee Bain）和薇拉·布魯克斯・貝恩（Vera Brooks Bain），他們在喬治亞州（Georgia）和阿拉巴馬州（Alabama）的小城鎮教過六、七個中小學，也可說是我生命中的第一位教師。

# 註釋

## 1 引言：卓越的界定

①本段落引用之關於林恩的描述皆摘自 Robert Darden, ed., *What a World! Collected Essays of Ralph Lynn* (Waco, Tex.: Narrative Publishing, 1998)。

②考試成績不能完全代表學習狀況，可由底下的例子說明：有些學生在學初等物理的課程時，即便對課堂傳授的「運動」(motion) 概念有非常錯誤的理解，卻還是能夠正確解答測驗中的物理問題。相關細節，請參閱本書第二章。

③參見 Ference Marton and Roger Säljö, "On Qualitative Differences in Learning—2: Outcome as a Function of the Learner's Conception of the Task," *British Journal of Educational Psychology* 46 (1976): 115-127。

④Donald H. Naftulin, John E. Ware, Jr., and Frank A. Donnelly, "The Doctor Fox Lecture: A Paradigm of Educational Seduction," *Journal of Medical Education* 48 (1973): 630-635.

⑤Robert M. Kaplan, "Reflections on the Doctor Fox Paradigm," *Journal of Medical Education* 49 (1974): 310-312;引文摘自 p. 311。

⑥參閱 Peter A. Cohen, "Student Ratings of Instruction and Student Achievement: A Meta-analysis of Multisection Validity Studies," *Review of Educational Research* 51 (1981): 281-309; Judith D. Aubrecht, "Are Student Ratings of Teacher Effectiveness Valid?" *IDEA Paper*, no.2, November 1979 (Manhattan, Kans.: Kansas State University, Center for Faculty Evaluation and Development); Robert T. Blackburn and Mary Jo Clark, "An Assessment of Faculty Performance: Some Correlates between Administrator, Colleague, Student and Self-Ratings," *Sociology of Education* 48 (1975): 242-256; Larry Braskamp, Frank Costin, and Darrel Caulley, "Student Ratings and Instructor Self-Ratings, and Their Relationship to Student Achievement," *American*

*Educational Research Journal* 16 (1979): 295-306; Frank Costin, William Greenough, and Robert Menges, "Student Ratings of College Teaching: Reliability, Validity and Usefulness," *Review of Educational Research* 41 (1971): 511-535; Frank Costin, "Do Student Ratings of College Teachers Predict Student Achievement?" *Teaching of Psychology* 5 (1978): 86-88; P. C. Abrami, S. d'Apollonia and P. A. Cohen, "Validity of Student Ratings of Instruction: What We Know and What We Do Not," *Journal of Educational Psychology* 82 (1990): 219-231; K. A. Feldman, "Instructional Effectiveness of College Teachers as Judged by Teachers Themselves, Current and Former Students, Colleagues, Administrators, and External (Neutral) Observers," *Research in Higher Education* 30 (1989): 137-194; K. A. Feldman, "The Association between Student Ratings of Specific Instructional Dimensions and Student Achievement: Refining and Extending the Synthesis of Data from Multisection Validity Studies," *Research in Higher Education* 30 (1989): 583-645。

⑦Kenton Machina, "Evaluating Student Evaluations," *Academe* 73 (1987): 19-22.

⑧Herbert W. Marsh, "Experimental Manipulations of University Student Motivation and Effects on Examination Performance," *British Journal of Educational Psychology* 54 (1984): 206-213.

⑨Nalini Ambady and Robert Rosenthal, "Half a Minute: Predicting Teacher Evaluations from Thin Slices of Nonverbal Behavior and Physical Attractiveness," *Journal of Personality and Social Psychology* 64 (1993): 431-441.

⑩我們相信，本書的結論超越了近來針對傳統及創新教學之間的論辯——被動或主動式的學習，老師的角色應該是「台上的智者」(sage on the stage) 或「一旁的嚮導」(guide by the side) 等等。結論內容可以幫助我們解釋，爲什麼有些教授使用了他人或許會認爲已經過時的教學方法，卻大大地激勵了學生的學習，而有些教授即便順應新的潮流，卻導致慘不忍睹的結果；反之亦然。本研究乃著眼於更高層次的考量，關切的重點不在老師是否採行最新進的方法技巧，而是教學本身如何對學生的想法、行爲及感受產生持續性的實質影響。

⑪關於人類學習過程的研究導讀，可參閱 John D. Bransford, Ann L. Brown, and Rodney R. Cocking, eds., *How People Learn: Brain, Mind, Experience and School* (Washington, D. C.: National Academy Press, 1999)。另外，第二章的註釋也提供了一些參考資料。

## 2 好老師所認知的「學習」

①Ibrahim Abou Halloun and David Hestenes, "The Initial Knowledge State of College Physics," *American Journal of Physics* 53 (1985): 1043-1055。並請參閱 Ibrahim Abou Halloun and David Hestenes, "Common Sense Concepts about Motion," *American Journal of Physics* 53 (1985): 1056-1065。

②Halloun and Hestenes, "Common Sense Concepts about Motion,"引文援自 p. 1059。

③其他相關的例子與討論，可參閱 Jose P. Mestre, Robert Dufresne, William Gerace, Pamela Hardiman, and Jerold Touger, "Promoting Skilled Problem Solving Behavior among Beginning Physics Students," *Journal of Research in Science Teaching* 30 (1993): 303-317；Lilian C. McDermott, "How We Teach and How Students Learn," in Harold I. Modell and Joel A. Michael, eds., *Promoting Active Learning in the Life Science Classroom* (New York: The New York Academy of Sciences, 1993), pp. 9-19；and Sheila Tobias, *Revitalizing Undergraduate Science: Why Some Things Work and Most Don't* (Tucson: Research Corporation, 1992)。

④Kim A. McDonald, "Science and Mathematics Leaders Call for Radical Reform in Calculus Teaching." *Chronicle of Higher Education, November* 4, 1987, p. 1.

⑤Edward L. Deci, "Effects of Externally Mediated Rewards on Intrinsic Motivation," *Journal of Personality and Social Psychology* 18 (1970): 105-115.

⑥參閱 Richard deCharms and Dennis J. Shea, *Enhancing Motivation: A Change in the Classroom* (New York: Irvington Publishers, 1976)。

⑦Edward L. Deci and Joseph Porac, "Cognitive Evaluation Theory and the Study of Human Motivation," in Mark R. Lepper and David Greene, eds., *The Hidden Costs of Reward: New Perspectives on the Psychology of Human Motivation* (Hillsdale, N.J.: Lawrence Erlbaum, 1978), pp. 149-176；引文援自 p. 149。

⑧Deci, "Effects of Externally Mediated Rewards on Intrinsic Motivation"；引文援自 p. 107。

⑨參閱 J. Condry and J. Chambers, "Intrinsic Motivation and the Process of Learning," in *The Hidden Cost of Reward*, pp. 61-84；以及 T. S. Pittman, J. Emery, and A. K. Boggiano, "Intrinsic and Extrinsic Motivational Orientations: Reward-Induced Change in Preference for Complexity," *Journal of Personality and Social Psychology* 42 (1982): 789-797。

⑩Melissa Kamins and Carol Dweck, "Person versus Process Praise and Criticism: Implication for Contingent Self-Worth and Coping," *Developmental Psychology* 35 (1999): 835-847。

⑪相關內容可參閱 Carol S. Dweck, "Motivational Processes Affecting Learning," *American Psychologist* 41 (1986): 1040-1048；以及 Carol W. Dweck and E. L. Leggett, "A Social-Cognitive Approach to Motivation and Personality," *Psychological Review* 95 (1988): 256-273。

⑫一九八〇年代，蘇珊·巴比特·諾倫（Susan Bobbitt Nolen）研究孩童閱讀解釋性書籍的情況，發現以學習「本身」爲首要目標（她稱之爲「任務導向」〔task orientation〕）的小孩，在讀書時比較容易採行並看重深層處理的策略。反之，如果學習者的重心是放在比班上其他同學表現出色（她稱之爲「自我導向」〔ego orientation〕），則傾向於採取比較低階的策略，進行粗淺的表相閱讀。參見 Susan Bobbitt Nolen, "The Influence of Task Involvement on the Use of Learning Strategies"（發表於美國教育研究協會的年度會議，地點在美國華盛頓特區，一九八七年四月二十至二十四日）；Susan Bobbitt Nolen and Thomas M. Haladyna, "Personal and Environmental Influences on Students' Beliefs about Effective Study Strategies," *Contemporary Educational-Psychology* 15 (1990): 116-130。

⑬Richard Light, *The Harvard Assessment Seminars* (Cambridge, Mass.: Harvard University, Graduate School of Education and Kennedy School of Government, 1990), pp. 8-9.

⑭Robert de Beaugrande, "Knowledge and Discourse in Geometry: Intuition, Experience, Logic," *Zeitschrift für Phonetik, Sprachwissenschaft und Kommunikationsforschung* 6 (1991): 771-827；*Journal of the International Institute for Terminology Research* 3/2 (1992): 29-125。引文摘自網路版，見 http://beaugrande.bizland.com/Geometry.htm。

⑮參閱 William G. Perry, Jr., *Forms of Intellectual and Ethical Development in the College Years: A Scheme* (New York: Holt, Rinehart and Winston, 1970)；William G. Perry, Jr., "Cognitive and Ethical Growth: The Making of Meaning," in Arthur W. Chickering, ed., *The Modern American College* (San Francisco: Jossey-Bass Publishers, 1990), pp. 76-116；Mary Field Belenky, Blythe McVicker Clinchy, Nancy Rule Goldberger, and Jill Mattuck Tarule, *Women's Ways of Knowing: The Development of Self, Voice, and Mind* (New York: Basic Books, 1986)。

⑯Blythe McVicker Clinchy, "Issues of Gender in Teaching and Learning," *Journal of Excellence in*

*College Teaching* 1 (1990): 52-69；原文引自 pp. 58-59。

⑰同上，p. 59。

⑱同上，p. 63。

⑲同上，p. 65。

## 3 好老師如何準備教學？

①恩斯特·波依爾(Ernest Boyer)在一九九〇年出版的著作《重新看待學術事業》(*Scholarship Reconsidered*)，普及了把教學視作一門學問的觀念；然而早在此書問世之前，就已經有許多老師實踐了書內的一些中心思想，不過這當中有一點非常重要的差別。波依爾的著作（以及後續之「教學爲學問」的概念）往往暗示：教學之所以重要，是因爲它代表了一種學問的形式，好像「學問」二字本身就已經賦予幫助別人學習之行爲某種高度的價值。然而，我們探訪的卓越教師並不認爲教學之重要在於它是一門學問，而在於它能對別人，以及全世界之智識（有時是藝術）發展帶來深具意義的貢獻。它需要學者（在某些領域是藝術家）的關注，因爲其中包含了非常嚴肅的學術（或藝術）課

題，而此思索進路往往必須靠受過專業訓練的學者（或藝術家）方能有效完成。「教學的學問」這樣的觀念，點出了知識份子在教學事業上的必要角色，也避免了學問是否只是知識之發現與出版（傳統上多半如此認定）的無謂爭辯。

②Chad Richardson, *Batos, Bolillos, Pocos, and Pelados: Class and Culture on the South Texas Border* (Austin: University of Texas Press, 1999).

## 4 好老師對學生有何期待？

①史帝爾的疑問，可以回溯至一九三〇、四〇年代由肯納斯・克拉克（Kenneth Clark）發展的想法；到了一九五四年，具有劃時代意義的反種族隔離案例《布朗對托彼卡教育委員會》（*Brown vs. the Board of Education of Topeka*）當中，瑟古德・馬歇爾（Thurgood Marshall）面對最高法院的辯詞也引用了相關論述。克拉克指出，美國這個種族主義盛行的社會對黑人小孩百般歧視，甚至要他們上不同的學校，讓他們覺得自己差人一等。正如大法官厄爾・沃倫（Earl Warren）於布朗案例的裁決書所言：種族主義與隔離政策已經讓被歧視的受害者「對自己產生一種低劣的感覺……以無法挽救的方式，深深影

響其心智發展。」簡而言之，克拉克的理論告訴我們，如果社會一直灌輸你是劣等人的觀念，你就很容易相信自己確是如此。史帝爾非常明白這種影響，但他同時也發現大部分的非裔美國學生依然保有強烈的自我價值感，只不過把精神氣力移轉到學術之外的領域。然而，他的研究主要還是放在那些「滯留學術領域」的少數族裔，試圖解釋爲何他們努力嘗試，卻經常遭遇挫敗。

②史帝爾以GRE（Graduate Record Examination；美國研究所入學性向測驗）的進階數學考題爲本，測驗兩組大學數學成績優異的女生。其中一組，他事先未作任何說明，結果女性的表現遠低於男性；另外一組，他特別保證整個過程與結果都不會出現性別上的差異，最後的結果也確實沒有差別。參閱 Claude M. Steele, "Thin Ice: 'Stereotype Threat' and Black College Students" (August 1999)；也可至網站 http://www.theatlantic. com/issues/99aug/9908stereotype.htm 查詢。

③但是，那些認定題目是爲了測試自身能力的學生會想到種族上的刻板印象嗎？答案是肯定的。研究員給予兩組同樣的字彙遊戲，遊戲中有一長串欠缺兩個字母的字彙。回補字彙的正確方式有很多種，其中包含了一些種族概念。結果顯示，認爲自己能力正

接受檢驗的學生，完成種族相關字彙的比例遠超過另外一組。詳情請見 Steele, "Thin Ice"。

④瑪格莉特・施（Margaret Shih）及其同僚在處理這方面的議題時，測試了正面與負面刻板印象交叉互動的可能影響。一般人總認爲女性比較不擅長數學，而亞裔美國人卻相對出色。那麼，亞裔的美國女性呢？這幾位哈佛的研究學者，給三組亞裔的美國女大學生進行數學測驗。在考試前，先叫她們塡妥一份關於自身背景及一般學生議題的問卷。對於第一組同學，問卷插入了一個提醒其族群背景的題目；第二組同學，不會面對族群性的問題，但卻有一道題目提醒了她們的性別；至於最後一組，則兩類問題皆無。照理說，三組同學的表現應該不會有太大差別，但是結果卻發現，被提醒族群背景的同學明顯較其他兩組成績優異，而被提醒性別的那一組表現最差。參閱 Margaret Shih, Todd L. Pittinsky, and Nalini Ambady, "Stereotype Susceptibility: Identity Salience and Shifts in Quantitative Performance," *Psychological Science* 10 (1999): 80-83。

⑤Steele, "Thin Ice."

⑥Paul Baker, *Integration of Abilities: Exercises for Creative Growth* (New Orleans: Anchorage Press,

1977), p.4.

⑦同註 6，p. 19。

⑧由於長年以來的挫敗經驗，修課的少數族裔學生愈來愈少。因此，志願參加計畫的少數族裔學生，全數接受；並且，與之相較的對象，變成是從前修課的少數族裔學生。這種對照是合理的，因爲課程內容並沒有什麼更動，授課的六名教授也都相同。

⑨Arnold Arons, "Critical Thinking and the Baccalaureate Curriculum," *Liberal Education* 71 (1985): 141-157.

⑩Kenneth Seeskin, "A Few Words about Teaching Intellectual History," *The Class Act* (January 1996), p. 1。也可上網站 http://president.scfte.northwestern.edu/ClassAct_96_Jan.html 查閱。

⑪爲了加深感觸，她有時候會要求學生隨便拿起桌上的一張卡片，「想像如果卡片上所寫的東西『失去』了，情形會是如何？」

⑫Claude M. Steele, "A Treat in the Air: How Stereotypes Shape Intellectual Identity," in Eugene Y. Lowe, ed., *Promise and Dilemma: Perspectives on Racial Diversity and Higher Education* (Princeton: Princeton University Press, 1999), pp. 116-118。史帝爾認爲，這種「蘇格拉底式的策略」，保障了「一種老師與學生間的安全關係，不會有失敗的陰影，並且能從一點一滴之成果逐步建造高度的效能。」

⑬Baker, *Integration of Abilities*, p. XIII.

## 5 好老師如何引導課程進行？

①「自然性的批判學習環境」的基本觀念，源自於批判思考與主動學習的教育運動，兩者之間的融合有截長補短、相輔相成的功效。主動學習的觀念認知到，學習者最好主動參與自己的學習；自然性的批判學習則更進一步體認，如果學習者決定行動的原因是因爲她認爲學習可以滿足認知事物的慾望，或幫助解決重要、有趣或美好的問題（而不只是增加閒聊的話題），那麼行動會更有效果。批判思考的觀念，以學生面對問題之推理能力來定義學習；自然性的批判學習則進一步界定，學習者如何發展這種能力的各種方式。

②此處描述之發放書面資料的方法，必須小心運用。學生離開教室時，必須感受到當下

的學習經驗是別處不可得的寶貴收穫。因此，如果只是把教科書的部份內容影印出來，然後叫學生討論其中的文字段落，並不會有太大的成效。

③當然，神經原的意義不僅僅是存在腦部的細胞而已，但諾丹是先從最簡單的概念開始，再引導學生從事進一步的自我解釋。

④他們了解並妥善運用口語溝通特有的豐富辭彙，簡單的肢體語言——一個苦笑或甚至揚眉的舉動——都有可能取代文字的效果，提醒聽衆某個論點已經闡述。他們利用聲音，將資訊與觀念賦予人性的面容，傳達熱情與喜好、求知的熱忱、以及對他人見解的瞭解與欣賞。

⑤喜劇演員稱之爲「釋放」，叫人大笑的信號。對葛魯秋・馬克斯（Groucho Marx）而言，是輕彈雪茄的動作；對強尼・卡森（Johnny Carson）而言，則是拉起袖子的舉動。在教室內，這種設計是要人思考的信號。感謝安・伍德渥斯提供這些範例與類比。

⑥對比意圖上的差異，有時候是蠻叫人感慨的。舉例而言，許多大型的演講廳都設有無線麥克風的系統供教授使用。我們發現，在這種教室上課的老師，有人會用麥克風，有人碰都不碰；而其間的差別，似乎跟聲音大小沒有太大的關係。卓越教師傾向於使

用設備；教學成效較弱者則不然（除了一些重要的例外）。當我們問起兩造各自的原因時，其回應透露出耐人尋味的訊息。使用者會說，他們希望學生能夠聽得見，或者擔心後排的同學聽不清楚；不使用麥克風的老師則表示，自己的聲音已經夠大了，而且如果有人提醒他並非如此，還會覺得受到侮辱（即便其聲音確實不如預期）。他們如何看待自己，似乎比學生是否聽得清楚更爲重要。

⑦在此，我並非忽然論辯優良教學只來自講演形式的授課。事實上，所有老師都必須向學生解釋一些事情（從作業的指派到觀念性的理解），而卓越教師在滋長學習的層面，總是能比其他老師做出更佳的解釋。

⑧費曼的這捲錄影帶來自英國廣播公司（ＢＢＣ）的節目「想像的趣味」(Fun to Imagine)。此處之引述已徵得卡爾·費曼（Carl Feynman）和米雪兒·費曼（Michelle Feynman）的同意。

⑨艾瑞克·馬厝爾（Eric Mazur）將此技巧做了些許修正：在講述物理課程當中，指派一些毋需計算工夫的概念性問題。先叫同學各自挑選正確的答案（選擇題），並爲答案評估自己的信心程度。幾分鐘過後，要學生與鄰座同學比較和討論彼此的答案，如果需

要可以改變選擇，並重新評估信心程度。他發現，經過這種互動的過程，無論是答對的題數或信心程度都有顯著增加。參閱 Eric Mazur, *Peer Instruction: A User's Manual* (N. J.: Prentice-Hall, 1997)。

## 6 好老師如何對待學生？

①參閱 Paul Baker, *Integration of Abilities: Exercises for Creative Growth* (New Orleans: Anchorage Press, 1977)。

②Jerry Farber, *The Student as Nigger: Essays and Stories* (New York: Pocket Books, 1972).

## 7 好老師如何評估學生和自己？

①Meg Cullar, "Interview with Paul Baker," *Baylor Line* (Fall 2001), pp. 46-49；引言摘自 p. 46。

②學生問卷的題目可以是：「評估任課教師在智識上提供挑戰的程度」；或者是：「評估任課教師在課程主題上激發興趣的效能」。

③我們從觀察卓越教師的研究過程中，對教學資料夾之概念賦予新的意義，相關成果首

見於一九九七年的論文。參閱 James Lang and Ken Bain, "Recasting and the Teaching Portfolio," *The Teaching Professor* (December, 1997), p. 1。

④舉例來說，一名教師引介複雜概念時可能採用漸進式的方法來幫助學生：先用簡單的解釋，再透過幾堂課的時間，慢慢導入複雜的面向。觀察者如果只參與第一堂課，或許會以爲任課教師過度簡化了那個觀念，但卻沒有發現其實她的方法可能是很有效的。

⑤適切的問題包括：提供你對教學方式的整體評價；提供你對課程內容的整體評價；評估你的學習成果；評估任課教師在智識上提供挑戰的程度；以及評估任課教師在課程主題上激發興趣的效能。我們建議採用六分，而非五分的測量尺度，因爲前者更能有效區分作答學生的差別。

⑥參閱 Herbert W. Marsh and M. Dunkin, "Students' Evaluations of University Teaching: A Multidimensional Perspective," in J. C. Smart, ed., *Higher Education: Handbook of Theory and Research*, vol. 8 (New York: Agathon, 1992), pp. 143-233；以及 H. W. Marsh, "The Influence of Student, Course, and Instructor Characteristics in the Evaluations of University Teaching,"

*American Educational Research Journal*, 17 (1980): 219-237。

⑦參閱 George Howard and Scott Maxwell, "Do Grades Contaminate Student Evaluations of Instruction?" *Research in Higher Education* 16 (1982): 175-188。

## 後記：從好老師身上可以學到什麼？

① Donald L. Finkel, *Teaching with Your Mouth Shut* (Portsmouth, N. H.: Heinemann, 2000).

②教學哲學大抵可以環繞在貫穿本書的四個問題：學習該主題的意義是什麼？我們如何最有效地促長學習？學生和老師如何理解學習的本質與進展情形？老師如何探知自我的努力是幫助或傷害了學生的學習？

③參閱網站 http://www.nyu.edu/cte/researchbased.html 和 http://president.scfte.nwu.edu/S2_research.html。

④ Peter J. Gray, Robert C. Froh, and Robert M. Diamond, *A National Study of Research Universities on the Balance between Research and Undergraduate Teaching* (Syracuse, N.

Y.: Center for Instructional Development, Syracuse University, 1992); Peter J. Gray, Robert M. Diamond, and Bronwyn E. Adam, *A National Study of the Relative Importance of Research and Undergraduate Teaching at Colleges and Universities* (Syracuse, N.Y.: Center for Instructional Development, Syracuse University, 1996); Robert M. Diamond and Bronwyn E. Adam, *Changing Priorities at Research Universities: 1991-1996* (Syracuse, N.Y.: Center for Instructional Development, Syracuse University, 1997).

## 附錄：研究之進行

①見 W. K. Born, W. Revelle, and L. Pinto, "Improving Biology Performance with Workshop Groups," *Journal of Science Education and Technology* 11 (2002): 347-365。

**國家圖書館出版品預行編目資料**

如何訂做一個好老師／肯・貝恩 (Ken Bain) 著；
傅士哲譯.-- 初版.-- 臺北市：
大塊文化，2005 [民 94]
面：　公分.-- (From ; 27)
譯自：What the Best College Teachers Do
ISBN　986-7291-29-8(平裝)

1. 高等教育－教學法－美國
2. 高等教育－教師－美國

525.5　　94006396

LOCUS

LOCUS

LOCUS

LOCUS